はじめに

「わかる」と「わからない」

今から約50年前、僕が大学2回生のとき、恩師のひとりである故・高坂正堯(こうさかまさたか)先生（国際政治学者）が、原書講読の時間に、次のようなことを言われた記憶があります。

「古典を読んでわからなければ、自分がアホやと思いなさい。間違っても、大学に残って研究者になろうなんて思ったらあかん。さっさと就職しなさい。

一方、現代の本を読んでわからなければ、書いた人間がアホやと思いなさい。そんなものは読むだけ時間のムダです」

古典がわからないとしたら、読み手の力不足。

同時代の文章で書かれた本が理解できないとしたら、書き手の力不足。

それが高坂先生の解釈でした。


同じ日本語で書かれているのに、古典を難しく感じるのは、なぜでしょうか。

理由は、

「その本が書かれたそもそもの時代背景が、現在とは異なるから」

です。

時代が違えば、同じ言葉でも意味が変わります。


たとえば、「桜」と聞いたとき、私たちが反射的にイメージするのは、「ソメイヨシノ(染井吉野)」です。

ソメイヨシノは、気象庁が桜の開花・満開を判断する標本木(ひょうほんぼく)で(沖縄県全域と、鹿児島県や北海道の一部を除く)、日本の桜の代表種です。

しかし、ソメイヨシノが全国に広まったのは、明治以降だと考えられています。ソメイヨシノは、江戸時代の末期から明治時代にかけて人工的につくり出され、東京・駒込の植木店が売り出した新しい品種です。

奈良吉野山のヤマザクラと区別するため、地名である染井（駒込の大字(おおあざ)）を冠して、「ソメイヨシノ」と呼ばれるようになりました（参照：豊島区役所ホームページ「ソメイヨシノあれこれ」）。

現在、わが国の公園、街路、堤防などに植えられている桜のほとんどはソメイヨシノで、北海道から九州に至る全国で一番広く分布しています。ヤマザクラやシダレザクラが大半を占める京都御所周辺は例外エリアです（参照：読売新聞オンライン「『ソメイヨシノ』はどこからやって来たのか」２０１７年3月19日）。


このようにソメイヨシノは江戸時代末期に開発された新しい品種なので、『万葉集』や『古今和歌集』の時代には存在していません。ソメイヨシノが出現する以前の桜といえば「ヤマザクラ」でした。

たとえば、歌人の柿本人麻呂(かきのもとのひとまろ)は、

「桜花　咲きかも散ると　見るまでに　誰れかもここに　見えて散り行く」（桜の花が美しく咲いたかと思っていると、散っていくのを見ているようだ。誰だろうか。ここで集いて去って行く人たちは）

と万葉集の歌を詠(よ)んでいますが、柿本人麻呂が見ていた桜は、私たちのよく知るソメイヨシノではなかったのです。

『古事記伝』(『古事記』の註釈書)の著者で日本古典研究家の本居宣長(もとおりのりなが)は、桜を愛したことで知られています。

自宅の庭に何本も桜の木を植え、44歳、61歳のときの自画像は、「桜」をモチーフとしています。『遺言書』では、奥墓(おくつき)に桜の木を植えるよう指示したそうです(参照:本居宣長記念館ホームページ「桜」)。

本居宣長が活躍したのは江戸時代中・後期ですから、本居宣長が愛(め)でていた桜も、ヤマザクラだと推測できます。

「花見」の意味も、現代と奈良時代では異なります。

私たちにとって「花見」といえば桜の花(おもにソメイヨシノ)を見ることですが、「花=桜」が一般的になったのは、平安時代からです。奈良時代には、花といえば梅や萩などを指していました。

梅は渡来植物で、薬用、観賞用に中国から九州北部に伝えられたといわれています。その後、中国から伝わった「梅の観賞」という文化が、「花見」として徐々に日本中に広まっていったのではないかと考えられています。

また、『万葉集』に詠まれた花の数を比べてみても、奈良時代は「花」といえば萩や梅であったことがわかります。

上代（平安京への遷都、７９４年以前の時代）文学の専門家、群馬県立女子大学の北川和秀名誉教授の集計によると、『万葉集』で一番多く詠われている植物は「萩」で１４１、次いで「梅」の１１６。桜は10番目です（参照：朝日新聞デジタル「花といえば……団子？」２０１２年４月26日）。

したがって、本居宣長や、『万葉集』『古今和歌集』の時代の人と、私たちでは「花」や「桜」という言葉に対する認識が違います。

時代背景がわからなければ、表現内容を正確に理解することはできません。だから、古典は難しいのです。

「現代の本を読んでわからないのは、書き手がアホやから」

これに対して、現代に書かれた本は、著者と読者が同じ時代を生きています。「花」といえば「桜」、「桜」といえば、著者も読者も「ソメイヨシノ」を連想します。

時代背景や社会状況、言葉の意味を同じくする同時代の人が書いたものは理解できるのが当然です。

それなのにわからないとしたら、その理由は、

「著者自身が題材をよく消化していない」

あるいは、

「著者が見栄を張って難しい言葉を使っている」

のどちらかです。だから高坂先生は、そんなものは読むだけムダやと教えてくださったのです。

著者の真意が読者にストレートに伝わらず、「何が書いてあるかわからない」と評価されたとしたら、そもそも本を書く意味がなくなるとは思いませんか。

「教える」とは、真意を腹落ちしてもらうこと

「教える」とは、相手にわかってもらうことです。相手に腹落ちしてもらうことです。

「教える」とは、どんな人に対しても、真意を伝えることです。

どれだけ知識を持っていても、どれほどいいことを伝えたいと思っても、結果として相手に腹落ちしてもらわなくては、教えたことにはなりません。

一般に人間も世界も、原理原則はとてもシンプルなものだと思います。本来、シンプルであるはずの人間が、物事を無理に複雑にしようとすると、真意が伝わらなくなります。

教える立場に立つのなら、相手のレベルに応じて、相手に伝わるように、相手が理解できるように、わかりやすく話す（書く）ことが、絶対的な条件なのです。

上司が部下に仕事を教えたとき、部下が上司の話していることを理解できないとしたら、それは上司の責任です。高坂先生の教えにしたがえば、その上司はアホやということになるのです。

同じように、教師が生徒に勉強を教えたとき、生徒が理解できなかったとしたら、それは教師がアホやからです。

上司と部下も、教師と生徒も同じ時代に生きているのですから、真意が伝わらないとしたら、それは教える側の力不足であり責任です。

では、どんな人にもわかってもらうためには、何を教えればいいのでしょうか。

どんな人にもわかってもらうためには、どう教えればいいのでしょうか。
そのためのヒントを、本書でお伝えできればと思います。

さまざまな「教える」立場にある人へ

「教える」ということを、「動物としての人間」という視点から考えると、「人間は生き物であって、次の世代を育てるために生きている。だから、自分たちが学んできたことを次の世代に伝えていく必要がある」と理解できます。そもそもの原理としてはそうなのですが、読者のみなさんは、「親として」、「教師として」、「上司として」、あるいは「人生の先輩として」……といったさまざまな立場から、本書を手に取っていただいていると思います。

僕は還暦から10年間、ライフネット生命の経営者として部下をマネジメントし、古希を迎えた2018年からは、立命館アジア太平洋大学（APU）の学長として教育の現場に身を置いています。

本書では、この2つの経験を通して僕自身が腹落ちした「教えること」の本質について、わかりやすくお伝えしたいと思っています。

また、各界の専門家の先生に「教えるということ」についてお話をうかがい、対談として収録しました。なお、本書をまとめるにあたっては、株式会社KADOKAWAの間孝博さんと、ライターの藤吉豊さんに大変お世話になりました。間さん、藤吉さん、本当にありがとうございました。

本書が「教える立場」にあるすべての人の助力となれば、著者としてこれほどの喜びはありません。

みなさんのご意見、ご感想をお待ちしています（宛先：hal.deguchi.d@gmail.com）。

2020年3月

立命館アジア太平洋大学（APU）学長　**出口治明**

「教える」ということ　目次

編集協力　藤吉豊（株式会社文道／クロロス）
ブックデザイン　水戸部功・北村陽香
DTP　ニッタプリントサービス
図版　斎藤充（クロロス）

第1章

後輩たちに「社会を生き抜く武器」を与える

「自分の頭で考える力」と「社会を生き抜く武器」を与える

教育の2つの目的とは？

僕はＡＰＵの学長に就任した当初から、わが国の教育の根幹となる教育基本法や学校教育法、学校教育法施行令などの法令を読み込み、

「なぜ、日本の教育システムはこのような形になったのか」

「何を目指して教育を行い、どんな人間を育てることを教育の根本的な目的としているのか」

などについて考えてきました。わが国の教育は、教育基本法を礎（いしずえ）として進められていますが、教育基本法第1条では、教育の目的を次のように規定しています。

「教育は、人格の完成を目指し、平和で民主的な国家及び社会の形成者として必要な資質

を備えた心身ともに健康な国民の育成を期して行われなければならない」（2006年12月、戦後59年ぶりに改正）

すなわち、「一人ひとりの人格の完成」「国家・社会の形成者として必要な資質を備えた市民の育成」を行うことが教育の根幹です。

僕は、教育基本法が定める目的を次のように解釈しています。

【教育の2つの目的】

①自分の頭で考える力を養う

……自分が感じたことや自分の意見を、自分の言葉で、はっきりと表現できる力を育てること（人格の完成）

②社会の中で生きていくための最低限の知識（武器）を与える

……お金、社会保障、選挙など、社会人になるとすぐにでも直面する世の中の仕組みを教えること（社会の形成者として必要な資質を備えること）

自分の頭で考え、自分の言葉で自分の意見を表現できる人間になる

僕の解釈する教育の目的について、まず、「①自分の頭で考える力を養う」から考えてみましょう。

17世紀の哲学者、パスカルが、著書『パンセ』の中で、

「人間はひとくきの葦にすぎない。自然のなかで最も弱いものにすぎない。だが、それは考える葦である」

（参照：『世界の名著 第24 パスカル』前田陽一 由木康・訳、中央公論社）

と述べているように、人間は思考を行うからこそ偉大であり、人間の尊厳のすべては、考えることの中にあるといえます。

人間の人間たる所以（ゆえん）は、他人の意見に左右されることなく、自分の頭で考えることです。自分の頭で考え、自分の言葉で、「こう思う」と自分の意見をはっきり表現できる人間になること。つまり、まっさらの状態から自分の頭で考え、人とは違うアイデアを紡（つむ）ぎ出す力を培うことこそが教育の真の目的です。考える力とは、探求力、問いを立てる力、常識を根底から疑う力などと言い換えることができます。

自分の頭で考える力がなぜ必要なのかといえば、社会や技術の進歩のスピードが速くなり、将来において、何が起こるか誰にもわからなくなったからです。

もし将来起こることのすべてが現状の延長線上にあるのなら、別に自分の頭で考えなくてもそれに対処できるかもしれません。今と同じ状態でとどまっていればいいからです。ですが現在の人類は、わずか数年先さえ見通すことができません。２０１９年12月以降に世界的な大問題となった新型コロナウイルス（ＣＯＶＩＤ－19）がいい例です。世の中がどう変化するか誰にもわからないときに、一番大事なのは、原点から考える力です。

変化に対応するには、他人の意見に左右されず、自分の頭で、自分の言葉で、データを使ってロジカルに考えるしかありません。だからこそ教育では、「自分の頭で考える力」を育てる必要があるのです。

考える力を身につけるには「先人の真似」から入る

スポーツでも芸術でも、何らかの技術を習得しようと思えば、練習が不可欠です。人間は不器用な生き物なので、練習しなければ力を高めることはできません。

脳も例外ではなく、考える力を鍛えるには、練習が必要です。

ではどうすれば、考える力を育てることができるのでしょうか。僕は、一流の人の真似をすることから始めるべきだと思っています。

考える力は、料理をつくる力と同じです。まずお手本となるレシピ通りにつくってみる。食べてみる。味見をして、「ちょっと塩辛いな」と思ったら、醤油や塩を減らす。味が薄いのなら、醤油や塩を足す。その繰り返しで、おいしい料理をつくる力がついていきます。

考える力を身につけたいのなら、料理のレシピを参照するように、まず優れた先人の思考の型や思考のパターン、発想の方法などを学ぶことです。

アリストテレスやデカルト、アダム・スミスなど、お手本となる超一流の先人の著作を読んで、彼らの思考のプロセスを追体験し、他の人と議論を重ねながら、考える癖を身につけていく。これが、考える力を鍛える最も普遍的な方法だと思います。

タテ・ヨコ・算数という思考の枠組み

人間はそれぞれ顔が違うように、異なった価値観や人生観を持って生きています。つまり、人間はそれぞれの価値観や人生観という色眼鏡をかけて世界を見ているのです。したがって世界をフラットに見るためには方法論（思考の枠組み）が必要です。

僕は、タテ・ヨコ・算数という3つの枠組みを提唱しています。

タテは、昔の人の考え方を知ることです。人間の脳は、この1万年ほどまったく進化していないといわれていますから、弥生人と私たちの喜怒哀楽や判断力は同じです。だから昔の人の考え方が参考になるのです。

ヨコは、いうまでもなく世界の人のことです。ホモサピエンスは単一種で、黒人や白人といった違いは単に気候の差から生じたものにすぎないことが遺伝子分析等から明らかになっています。

たとえば僕は学校で源頼朝は平（北条）政子と結婚して鎌倉幕府を開いたと習ったので、日本の伝統は夫婦別姓であることがわかります。世界を見ると、先進国クラブであるOECD37カ国の中で法律婚の条件として夫婦同姓を強制している国は（わが国を除いて）皆無です。この2つの事実を知れば、「夫婦別姓のような考え方は日本の伝統ではない」、あるいは、「家族を壊す」などと言っている人は、単なる不勉強か、イデオロギーや思い込みの強い人であることがわかります。

算数は、「エピソードではなくエビデンス」で、あるいは「数字・ファクト・ロジック」と言い換えることができます。平成の30年間を考えると日本の正社員の労働時間は年間2

000時間を超えており（まったく減少していない）、平均成長率は1％あるかないかです。アップル・トゥ・アップル（同じ条件のもの同士を比べること）で人口や国土、資源（の有無）等の条件がよく似たドイツやフランスと比較すると、彼らは1400時間前後で平均2％の成長を達成しています。

このデータ（エビデンス）から類推される結論は、「日本のマネジメントがなっていない」ということです。こうした明白なエビデンスがあるにもかかわらず、日本的な経営（マネジメント）が世界を救うなどと言っている人がいるのは情けない限りです。根拠なき精神論ほど社会を害するものはありません。

将来を想像するには、過去を見るしかない

タテ・ヨコ・算数の中で、「タテ（過去、歴史）」についてもう少し述べておきましょう。

人間は単純な動物ですから、「今日よりも明日がいい」「明日よりもあさってがいい」と、一直線の考え方に馴染みやすい。しかし、実際の歴史を見ると、まっすぐに進んでいるわけではなく、ジグザグと蛇行（だこう）したり、行ったり来たりを繰り返します。世界がどの方向に進むのか、正直、誰にもわかりません。

しかし、未来はわからなくても、過去に起きた出来事をヒントにしながら、将来の選択を行ったり、類推したりすることは可能です。ダーウィンの「進化論」が指摘しているように、人間が動物である以上、生き残るのは「賢さ」や「強さ」ではなく、「運」と「適応」（適切に対応）以外の条件はありません。すなわち、運（適切なときに、適切な場所にいること）を活かして上手く適応できる人のみが生き残るのです。

そして、将来を想像するには、過去を見るしかありません。悲しいことに人間には過去以外に教材がないのですから、本を読んで歴史を学び、先人をロールモデルとする必要があるのです。

知識はもちろん大切です。しかし、時代の変化に適切に対応するためには、自分の頭で考える力こそが重要です。

どのような状況が訪れたとしても、自分の頭で考え、決断できるようになれば、自分の道を自分で切り開けるようになるのです。

「国家」「選挙」「税金」……についてきちんと教えることができるか

社会を生き抜くための「7つの武器」

教育の2つ目の目的は、「②社会の中で生きていくための最低限の知識(武器)を与える」ことです。つまり、実社会に出たときに困らないように、「生きるための武器」を与えることです。

生きるための武器とは、社会を生き抜くために必要な基礎的な知識のことです。大人になってから、自分ひとりで社会と(あるいは人生と)戦うとき、手ぶらのままでは、勝敗は明らかだからです。

最低限、現在の民主主義社会の根幹をなす次の7つの知識を教えるのが教育だと僕は思います。

【社会を生き抜くための7つの武器】

①「国家」の基礎を知る
②「政府」の基礎を知る
③「選挙」の基礎を知る
④「税金」の基礎を知る
⑤「社会保障」の基礎を知る
⑥「お金」の基礎を知る
⑦「情報の真偽」を確かめる基礎を知る

民主主義社会とは、成熟した市民の存在を前提としているので、成熟した市民（＝最低限7つの武器を身につけた市民）がいなければ、民主政治はすぐに衆愚政治（しゅうぐせいじ）に陥ってしまいます。

わかりにくい政治や経済についても、ひとつずつ知識を積み重ねて思考を深めていくことで、主体的に理解、選択ができるようになります。次項からそれぞれの基礎的な知識を解説しておきましょう。

現在の国家は国民国家（ネーション・ステート）という「想像の共同体」

国家といえば、エンゲルスの名作『家族・私有財産・国家の起源』を思い出す人がいるかもしれません。よく国家の3要素として、領土、（そこに住む）人民、（領土と人民に対する）統治権・主権が挙げられますが、国家の本質は、警察や軍などの暴力手段を合法的に独占していることに尽きると思います。

誰かがケンカをして殺されたとします。するとその一族は仇討ちを考えます。赤穂浪士の世界です。放置しておくと仇討ちの連鎖が止まらなくなります。そこで個人の自力救済を禁じて国家が暴力を独占して裁くというわけです。

暴力（≒筋力）については男性のほうが優れているので、国家の誕生が男尊女卑、つまり太古の女系社会から男系社会に道を開いたという見方もあります。

国家の統治権は人民に対して生殺与奪の権利を持つわけですから、恣意的に権力を振るわれたら人民はたまったものではありません。そこで法律をつくり、三権分立（立法権、行政権、司法権を各々独立させる）を図るなどして国家権力の乱用を防いできたのが人間の歴史なのです。

ところで、現在の国家は国民国家（ネーション・ステート）です。これは、単純化して述べると、フランス革命によって新しく成立した概念で、国家内部の人民をひとつのまとまった構成員として統合しようとするものです。フランス革命では国王ルイ16世が革命政府によって処刑されました。

当時のヨーロッパの国々はほとんどが君主政で、どこの国にも王様がいます。王様を平気で殺したフランスの革命政府を放置しておいたら大変なことになる（次は我が身）と考えて、大挙してフランスに攻め込んできました（対仏大同盟）。そこに現れたのがナポレオンでした。

ナポレオンは新聞を使って次のように語りかけました。「100年戦争の後半期、イングランド王ヘンリー5世にパリを占拠され、フランスが滅びそうになったことがある。そのとき、ひとりの乙女（ジャンヌ・ダルク）が田舎から現れてフランスを救った。諸君はジャンヌの子孫で、偉大なフランス国民なのだ。フランスを守ろう」と。

それまでのフランス人には、フランス国民という意識はありませんでした。「俺はプロヴァンス人」「私はガスコーニュ人」などと考えていたのです。ナポレオンはメディア

（新聞、宣伝ビラ）を駆使して、想像の共同体であるフランス国民を創り出したのです。

ソ連が解体した後に独立した新しい国々でも同様に「国民を創り出す」作業が行われました。たとえばウズベキスタンでは、英雄ティムールの子孫であるということが大々的に喧伝（けんでん）されています。ではわが国はどうしたか。明治維新の際に国民国家のコアとなったのは天皇制でした。明治政府は朱子学の力を借りて、天皇の赤子（せきし）である日本国民を創り出したのです。同時に、朱子学の特徴である男尊女卑や家父長制も刷り込まれてしまったのです。こうして創り出された国民（意識）を維持するため、各国の政府は国旗や国歌や国民の祝日などを制定して、一体感の醸成に努めているというわけです。

国民国家を理解する不朽の名著が、ベネディクト・アンダーソンの『想像の共同体』です。僕はこの本は高校で教えるべきだと思っています。なお明治政府の国民国家創出については、小島毅の『天皇と儒教思想』という新書がわかりやすいと思います。国家とは想像の共同体に他ならないのです。

政府の基本は「負担∨給付」

みなさんは現在の日本でゴミ集めをしてお金が稼げると思いますか。まず無理ですよね。

負担	政府 （公共財や公共サービスを提供するオペレーションの主体）
	給付

しかし誰かがゴミを集めないと快適に暮らしていくことはできません。そこでみんなでお金を出し合い（負担）、ゴミ集めのように誰もがやりたがらない仕事（給付＝公共財や公共サービスの提供）をやってもらうために政府（地方自治体や国のこと）を創ったのです。そして、政府に徴税権（負担を強要すること）を与えました。つまり徴税権は本来、地方自治体が有していたのです。近代に国民国家が成立するに及んで、徴税権は自治体から国家にいわば上納されたのです。

以上の関係を図示すると上の通りですが、この図からいろいろなことがわかります。

借金 （国債など）	政府 （公共財や公共サービスを提供するオペレーションの主体）
負担	給付

①負担＞給付
（負担のほうが給付より大きい）

これは前ページの図を見ただけでわかりますね。しかし、借金（国債発行など）をすると、上図のように、「負担＜給付」も可能になります。

負担を上げるのはいつの世でも不人気な政策ですから、政治家はついつい借金に頼るようになります。借金の問題点については「選挙」のところで後述します。

②負担が給付である

たくさん給付をもらおう（医療費、教育費の無償化など）と思えば、たくさん負担するしか方法はありません。日本の国民負担率（税＋社会保険料／国民所得）は４割ちょっとですが（四公六民の江戸時代初期と同じ）、医療費や教育費がほぼ無償のヨーロッパ諸国の国民負担率は6割を超えています。

この負担率の大小は次に述べる政府の大小とはまったく関係のない問題ですが、わが国ではこの2つがしばしば混同されて論じられています。

北欧は一般的に「大きな政府」の代表例のように思われていますが、それは単に「負担が大きい」のであって、実体はそれほど大きい政府ではありません。人口当たり公務員数で比較すると、フランスやドイツのほうが大きい政府です。ちなみに日本はアメリカよりも小さい政府です。

③政府は「小さい政府」がいい

これはオペレーションコスト（運用費）を小さくしたほうが、たくさん給付にお金を回せるということです。

負担も給付もシンプルに設計しないと、政府の管理コスト（オペレーションコスト）がかさんでムダが多くなります。

仮に、ゴミ集めに市民が「100」の負担をしたのに、人件費などのオペレーションコストに「80」かかり、実際の給付が「20」だとしたら、「給付が少なすぎる」「政府の職員

（公務員）を食わせるために税金を納めているわけじゃない」と政府がやり玉に挙げられるはずです。

オペレーションコストを小さくするためには、シンプルな仕組みでお金を集め（負担）、シンプルに再配分する（給付）ことに尽きます。このことがわかれば、消費税の軽減税率が愚策であることは誰にでも理解できますね。一律の税率でお金を集め、弱者対策が必要なら所得に応じてシンプルに給付すればいいのです。負担（徴税）や給付の仕組みが複雑になればなるほどオペレーションコストがかさんで、政府は大きくなっていきます。そして、この政府をつくるのが選挙なのです。

なぜ日本は「先進国の中で投票率が低い」のか

選挙は議員を選んで立法府をつくるものですが、立法府が定めた法律で行政や司法が動いていくわけですから、政府をつくるのは選挙であるといっても決して過言ではありません。この基本が腹落ちすれば、選挙で「何をすべきか」がよくわかります。

政府は市民の手でつくるものであり、その政府をより良くつくり変えるための手段が選挙です。政府に任せっ放しにするのではなく、個人個人が自分の頭でよく考え、友人や知人と議論した上で、その結果を示す行動が選挙です。

ですから、選挙のしくみ、法規、衆議院・参議院の定数などといった、試験問題に答えるための知識だけでは決定的に不十分で、

「選挙のとき、具体的にどう行動すべきか」

「『投票しない』という選択を取ることは、どういうことか」

「政治家とは、何をする人なのか」

などといった本質的な問題についても教えることが大切です。

日本は、「先進国の中で投票率がもっとも低い国のひとつ」といわれています。OECD（経済協力開発機構）の2016年の報告書では、国政選挙の投票率は、加盟国平均が約66％ですが、日本は、スイス、ラトビアに続きワースト3位の約52％です。

また、世界200カ国・地域で行われた選挙の投票率を公表している国際NGO「民主主義・選挙支援国際研究所」の公表データ（2019年現在）によると、日本の投票率は、200カ国中158位という低さです（当時のOECD加盟36カ国の中では30位）。

北欧のスウェーデンは、若者の選挙・政治参加意識が高いことで知られています。スウェーデンでは、政治や選挙に関する基礎教育が充実しており、小学校で使われている社会科の教科書には、次のように書かれています。

「投票は自主的なものです。そして、それは独裁制の国に住む人々がもっていない民主制の権利です」

「人々は、ある政党の主張のすべてに賛成できなくても、彼らがもっとも重要であると思う問題についてよい意見をもっているとすれば、その政党に投票します」

（引用：『スウェーデンの小学校社会科の教科書を読む　日本の大学生は何を感じたのか』ヨーラン・スバネリッド 著、新評論）


スウェーデンの子どもたちは、小学生のときから選挙や政党政治の利点・欠点を学び、選挙を「自分の意見を表明できる機会」として捉えているのです。

「白票や棄権は、現在の政治を信任することと同じ」というファクト

日本の投票率が低いのは、政治や選挙に関するリテラシーが低いからです。

たとえば、国政選挙の投票日に、「選挙に行っても世の中が変わる感じがしない」「ロクな候補者がいないから、投票には行く気がしない」などと無関心を口にする人こそ、率先

して選挙に行くべきです。

なぜなら、「世の中が変わる感じがしない」と不満を抱くのは、「今の政治は良くない」と思っているからです。「世の中が変わる感じがしない」のなら、そこであきらめるのではなく、政府をつくり直す努力をするべきです。

日本のメディアは、「棄権が増えるのは、政治不信が増しているからです」といった論調ですが、僕の考えは違います。

かつてロンドンに住んでいたとき、次のような話を聞きました。題して、「選挙の仕方」。

①選挙では、必ず事前予想が出る（ロンドンっ子は、お金を賭けていますね）

②その予想通りで満足なら、3つの方法がある。投票に行ってその名前を書く、白票を出す、棄権する。この3つの方法のどれを採っても結果は同じになる

③事前予想に不満なら、あなたの意思表示の方法はたった1つしかない。投票に行って違う名前を書くことである

④以上が、選挙の仕方のすべてである

僕は、こういったシンプルな知恵を子どもたちに学校で教えるべきだと思います。

「ロクな候補者がいないから投票には行く気がしない」と考える人は、前提（「候補者は立

派な人ばかりであるはず」）が根本から間違っています。そもそも選挙は、「より良い人」を選ぶための制度ではありません。100年以上前の話ですが、英国の名宰相、ウィンストン・チャーチルが、次のように明言しています。

「自分を含めて選挙に立候補するのは、目立ちたがり屋やお金儲けをしたい人など、ろくでもない人ばかりである」

「選挙というのは、こういった信用のおけない人たちの中から、相対的にマシな人を選ぶ忍耐のことである」

「したがって、民主政は最低の政治形態である。ただし、これまで試されてきた王政や貴族政など過去の政治制度を除けば」

こういうリアリズムが理解できれば、投票は簡単です。女性議員が少ないのなら、女性の候補者に投票すればいい。若い議員が少ないのなら、若い候補者に投票すればいい。

市民がすべきことは、忍耐を強いられながらも、「100％満足はできないけれど、他の候補者に比べれば、多少はマシ」な政治家を選ぶことです。

これらのことがわかっていれば、「良い候補者がいない」からといって、白票を出したり、棄権したりするといった誤った結論には至らないのです。

政府と市民は、対立するものではありません。政府は市民がつくるものなので、今の政府が気に入らなければ、選挙に行って政府をゼロからつくり直せばいい。そして、新しいルールをつくればいい。政治を変えるのは自分たちの1票であることを小学校や中学校で教える必要があるのです。

低い投票率は「改革できない社会」をつくる

どのような社会でも、政府からお金（補助金など）をもらっている人（既得権益者）が全体の20％ぐらいはいるそうです。一般に彼らは後援会をつくって政権与党に必ず一票を入れます。なぜならそれが既得権を守ることにつながるからです。

わが国のように、投票率が50％ぐらいだと政権与党が圧倒的に有利になります。100票のうち既に20票を押さえているわけですから、あと5票取れば過半数に達します。新人は25票取らなければ勝てません。その差は実に5倍です。これでは新人の参入意欲がわかないでしょう。

その結果、わが国では世襲議員が5割を超える異常事態を招いています（G7では世襲議員が1割を超える国はないといわれています）。後援会に推された世襲議員が改革を行うはずはありません。だからわが国は「改革できない」社会となっているのです。

一方、投票率の高いヨーロッパの先進国並みに80％に上がったと仮定してみましょう。政権与党の候補者はあと20票上積みする必要があります。新人は40票取る必要がありますが、2人の差は2倍です。2倍なら、「頑張ってみよう！」という新人候補者が出てくるかもしれません。つまり、投票率が上がれば政治に新しい血が導入される可能性が高くなるのです。わが国でも、明治時代は投票率が9割を超えることも珍しくはありませんでした。改革が進まないのは投票率が低く、政治に新しい血が入らないことが根本的な要因です。

50％のケースと、80％のケースの違いは、是非学校でも教えるべき重要なポイントだと思います。

「政治とは、税金の使い道を決めること」とシンプルに説明できますか？

政治も消費行動も本質的には同じこと

次に「政治とは何か」といえば、簡単に述べると、「市民が払った税金をどうやって分けたら、みんなが豊かに暮らせるか」を考えることです。私たちは所得の約4割を税金や社会保険料（特別目的税の一種）として負担しています。その使い道を決めるのが政治なのです。

「投票に行かない」とか「政治に興味がない」といっている人は、レストランでお金を払っているのに、何が出てきても文句をいわない人と一緒です。

レストランで食事をするとき、私たちは「オムライスが食べたい」「ハンバーグが食べたい」と食べたいものを注文して、その代金を払います。「何でもいいから持ってきてください」とはいいません。私たちは、「何をいくらで買うか」を考え、納得した上で注文をして、お金を払っています。

政治も消費行動と同じです。選挙に行くことは、「税金をこのように使ってほしい」「こういう使い方はしてほしくない」などと注文をつけることです。

選挙に行かないのは、極論すれば、「税金がどう分配されても、年金を払ってもらえなくても、医療費負担が10割になっても、決して文句はいいません」という意思表示なのです。

18歳以上に選挙権を付与することになったとき、高校生がアンケートに、

「高校生に判断ができるかどうかが不安」

「18歳選挙権にする趣旨、目的がはっきり理解できない」

「まだ自分の考えもまとまらない年齢のうちに投票をしていいものか、どの党がどんな政策をしているのかわからない」

「曖昧な知識のままで投票してしまうのではないか」

といった回答をしていました（参照：リクルート進学総研『高校生価値意識調査2015』）。

このような、「教えてもらえない→知らない→不安になる→行動しない」という負のス

パイラルをつくってはいけません。高校生の不安を解消し、政治に関心を持つことや投票に行くことの意義に気づいてもらうためにも、政治や選挙を正しく理解する「武器」を与える必要があります。そうすれば、「教えてもらえない」から始まる負のスパイラルをなくすことができます。

アメリカ独立戦争は「代表なくして課税なし」のスローガンとともに始まりました。連合王国（UK／イギリス）は、北アメリカ東部の植民地に課税しておきながら、ロンドンの議会に議員をおくることを禁じていました。つまり、アメリカの人々は税金の使い道について発言ができなかったのです。これが独立戦争のきっかけのひとつになったのです。自分でお金を出す以上、その使い道に注文をつけることは当然のことです。この基本的な考え方を次の世代を担う子どもたちに教えていくことは大人の大切な責務ではないでしょうか。

この「税金を分ける」のが政治の一丁目一番地であることがわかれば、借金（国債）の問題もシンプルに理解することができます。

現在、世界一の借金国であるわが国の予算に占める国債費の割合は約23％で、4分の1に膨れ上がっています。このまま借金を積み重ねていけば3分の1に近づいていくかもしれません。これが何を意味するかといえば、私たちの子どもや孫の世代が、将来、税金を分けようとしたとき、既にその3分の1が先食いされてしまっているということです。

彼らは彼らの分けるべき税金の使い道を私たちに授権してくれているのでしょうか。そんなはずはありません。つまり、借金（国債）は、民主主義の正統性そのものに抵触するのです。私たちが子どもや孫たちの分けるべきお金を勝手に使っていいはずはありません。原理原則から考えれば、どう考えてもこれ以上、借金は増やすべきではないのです。

たとえば「社会保障について教える」場合

わが国では、医療・介護や年金などの社会保障費が年々増えていくことを危惧する声が高まっています。しかし、よく考えてみれば、これは当たり前のことです。わが国は、突出した超高齢社会です。社会保障費の増嵩（ぞうすう）は高齢化の反映に過ぎません。

根本的な要因は少子化にあります。この問題は後述しますが、男女差別を根本原因とする少子化が、今日の超高齢社会を招いたのです。社会保障は社会のセーフティネットであり、セーフティネットがあるからこそ、人は思い切って人生にチャレンジできるのです。

もちろん、以上述べたことは、社会保障を改革しなくてもいいということではありません。ただし、社会保障改革は税と一体で行う必要があります。
「社会保障と税の一体改革」とは、社会保障の充実・安定化と、そのための安定財源確保・財政健全化の同時達成を目指すものです。

では、なぜ「一体」の改革が必要なのか。それは、近代国家の大原則は、前述したように「負担がすなわち給付」だからです。

つまり、市民が負担した分だけ市民が給付を受けるので、税と社会保障の改革はひと括りにしないといけないのです。

労働人口が多かった時代は、所得税と法人税だけでも負担を賄(まかな)うことが可能でした。昔の日本は若者10人で高齢者1人を支えていたわけですから、若者10人が所得税を払えばそれでよかったのです。

しかし、超高齢社会では労働人口が減るため、所得税、法人税だけでは負担できません。現代の日本は肩車社会へ、すなわち若者1人が高齢者1人を支える社会へと向かっています。そうなれば、働いていない高齢者にも負担をしてもらわなければ給付が賄えなくなるため、ヨーロッパなどの高齢化先進国では、所得税から消費税への転換が進んでいるのです。

この流れは、人口構成の変化が基底にあるのです。この基本的な構図を理解せず、「消費税は弱者いじめ」などとアジテーションする人々が後を絶たないのは本当に悲しいことです。

アメリカ、ヨーロッパ、日本という世界の3つの先進地域の中で、医療や教育の充実など弱者に一番やさしい社会はどこかとたずねれば、ほとんどの人がヨーロッパと答えます。そのヨーロッパはほとんどの税収を消費税で賄っているのです。この事実をどう考えればいいのでしょう。

これも、税や社会保障の基本がしっかりと教えられていないからではないでしょうか。

ところで税金と社会保障は現在、どのような関係になっているのでしょう。次ページの2枚のグラフを見てください。

このグラフを見ると、わが国は「小負担・中給付」の状態にあることがわかります。この差をこれまでは借金（国債）で埋めてきましたが、これ以上の借金はもう無理だと思います。

国債残高の対GDP比率を見ると、日本は世界一の借金国であり、かつその借金の水準は第二次世界大戦時（過去のピーク）を上回っているのです。

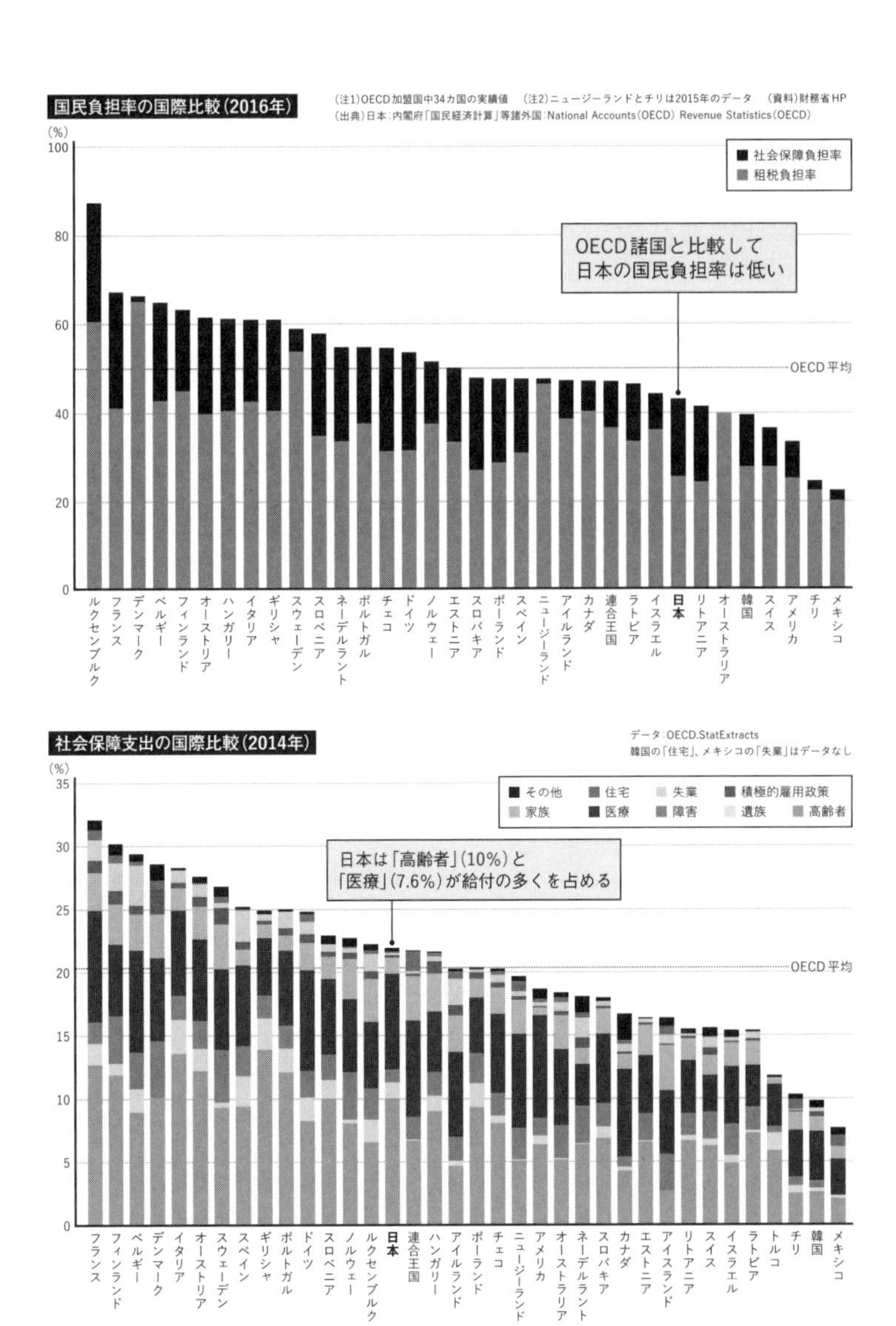
国民負担率の国際比較（2016年）
（注1）OECD加盟国中34カ国の実績値　（注2）ニュージーランドとチリは2015年のデータ　（資料）財務省HP
（出典）日本：内閣府「国民経済計算」等諸外国：National Accounts（OECD）Revenue Statistics（OECD）
（%）
社会保障負担率
租税負担率
OECD諸国と比較して
日本の国民負担率は低い
OECD平均
ルクセンブルク
フランス
デンマーク
ベルギー
フィンランド
オーストリア
ハンガリー
イタリア
ギリシャ
スウェーデン
スロベニア
ネーデルラント
ポルトガル
チェコ
ドイツ
ノルウェー
エストニア
スロバキア
ポーランド
スペイン
ニュージーランド
アイルランド
カナダ
連合王国
ラトビア
イスラエル
日本
リトアニア
オーストラリア
韓国
スイス
アメリカ
チリ
メキシコ
社会保障支出の国際比較（2014年）
データ：OECD.StatExtracts
韓国の「住宅」、メキシコの「失業」はデータなし
（%）
その他
住宅
失業
積極的雇用政策
家族
医療
障害
遺族
高齢者
日本は「高齢者」（10%）と
「医療」（7.6%）が給付の多くを占める
OECD平均
フランス
フィンランド
ベルギー
デンマーク
イタリア
オーストリア
スウェーデン
スペイン
ギリシャ
ポルトガル
ドイツ
スロベニア
ノルウェー
ルクセンブルク
日本
連合王国
ハンガリー
アイルランド
ポーランド
チェコ
ニュージーランド
アメリカ
オーストラリア
ネーデルラント
スロバキア
カナダ
エストニア
アイスランド
リトアニア
スイス
イスラエル
ラトビア
トルコ
チリ
韓国
メキシコ

将来の日本の選択肢は、この2枚のグラフを見ると、

①社会保障の水準をほぼ据え置いて、それに見合うまで負担を上げる（中負担・中給付）

②医療・教育の無償化など社会保障をヨーロッパ並みに充実させ、それに見合って負担をもっと上げる（大負担・大給付）

のいずれかしかないように思われます。もちろん、理論的には、社会保障の水準を負担に見合うまで下げる（小負担・小給付）も考えられないわけではありませんが、高齢化がこれだけ進んだ現状では実現不可能と考えざるを得ません。

人が生きていくためには、自分の頭で社会のあり方を考える力が非常に大切です。だからこそ学校の現場で子どもたちに、社会に出ればすぐにでも直面する基本的な問題に対する考え方や心構えを教えて、つまり、最低限の武器を与えて、リテラシーを育てていく必要があるのです。

強い武器を身につけ、そして武器の正しい使い方を教えられた子どもたちが、これからの世の中を変えていくのです。

ヨーロッパの子どもたちが教わっている「原理原則」とは

「年金はもらえなくなる」は誤った俗説にすぎない

年金については、「公的年金保険は破綻する」とか「将来もらえないようになる」といったさまざまな俗説が世にあふれています。これは日本だけに見られる特異な現象です。

僕は、「公的年金保険が破綻することはない」と考えています。公的年金保険を信頼する理由はおもに次の３つです。

【公的年金保険を信頼する３つの理由】

理由①……年金は所得の再分配だから
理由②……年金より安全な金融商品は存在し得ないから
理由③……経済成長と良い政府のみが年金を担保するから

理由①……年金は所得の再分配だから

社会保険料は、いわば特別目的税の一種です。市民からお金を集めて、働けなくなった人などに配るのが年金で、これはいわば「所得の再分配」です。

したがって、市民がいるかぎり、集め方と配り方を工夫すれば、年金は破綻するはずがありません。年金は政府の機能とまったく同じなのです。

理由②……年金より安全な金融商品は存在し得ないから

日本では国債を銀行、証券会社、保険会社などの金融機関も保有しているので、仮に日本政府がデフォルト（債務不履行）を宣言すれば国債が紙くずになり、政府が倒れる前に金融機関はおそらく破綻して、市民の預貯金などはすべて紙くずになってしまいます。

金融機関がいくつか潰れても国は潰れませんが、国が潰れたら金融機関は必ず潰れるのです。つまり、国より安全な金融機関は存在しません。公的年金保険がもらえなくなるから、民間の金融商品を買って自分で貯めておこうという考え方は、根本から間違っているのです。

理由③……経済成長と良い政府のみが年金を担保するから

ニコラス・バーなど世界の著名な年金学者は、将来の年金を担保するのは経済成長と、選挙によって再分配が上手な良い政府をつくることだけだと一致して考えています。

社会保険料率を仮に20％とします。経済成長したら所得が増えるので、社会保険料率を20％に固定しても集まるお金は増えます。経済のパイが大きくなったら、税率は一定でも、原資が増えるので年金は増えるのです。僕はまだ日本は成長できる、投票率を上げて良い政府もきっとつくれると信じているので、年金の将来には楽観的になれるのです。

ヨーロッパの若者が教わっている「原理原則」

年金が破綻すると騒いでいる人は、「ヤング・サポーティング・オールド」（若者が高齢者を支える）という前提に立っているだけの話です。「若者が減っていき、高齢者が増えるから破綻する」と単に人口構成の変化を指摘しているにすぎません。

この前提は、普遍的な真理ではありません。少子高齢化が進んでいるヨーロッパでは、「オール・サポーティング・オール」（みんながみんなを支える）という前提に変わってきています。年金が破綻すると騒いでいる学者がいるのは、おそらく日本だけです。

先に高齢化が進んだヨーロッパでは、負担と給付のバランスを回復させた上で（ドイツは財政黒字国になりました）、年齢フリー原則の社会へと移行しています。

年齢に関わりなく働ける人はすべて働いて負担し、給付は年齢に関わりなく困っている人に集中させるという考え方です。

ヨーロッパでは、公的年金保険が破綻すると考える人はほぼいないといわれています。それは、日本とは違い、社会保障制度の原理原則を学校で教わっているからです。

お金を上手に使えなければ社会では生きていけない

お金の基本は財産三分法

日本の大学進学率は50％ちょっと（この割合は37の先進国が集まるOECDの平均より7％程度低い）ですから、日本人は平均すると20歳前後で社会に出ることになります。

社会人になるということは、動物と同じで親元から離れて働いて、自分のご飯は自分で食べていくということです。もっとシンプルに述べれば、働いてお金（給与）を稼ぎ、それで衣食住を自ら賄うのです。

つまり、この社会は物資やサービスのやり取りを、お金を介して行っているので、お金を上手に使わなければ社会では生きていけないということになります。

お金の基本はとても大事で、高校でみっちりと教えるべきでしょう。お金について述べようとすれば優に一冊の本が出来上がります。現に僕は『働く君に伝えたい「お金」の教養』という本を書いています。くわしくはそちらにゆずるとして、大事なポイントをいくつか述べておきましょう。

まずは「財産三分法」です。

これは、給与を「財布」「投資」「預金」の3つに振り分けるという、いたってシンプルな法則です。

まず食費や日用品の購入など数日間の生活に必要なお金は財布に入れます。

次に「なくなってもいい金額」を考えます。たとえば手取りが30万円だとしたら、その1割の3万円ぐらいはなくなっても生活に支障はないかもしれません。この場合は、この3万円が投資の元手になります。なくなってもいいお金なら、恋人へのプレゼントや投資信託の購入、あるいは習い事(自分への投資)への礼金など自由に使っていいでしょう。

残ったお金は、すべて銀行に預けます。人生には何が起こるかわかりません。いつでも引き出せるお金、つまり流動性ということですが、これが預金の最大の価値であって、預金は金利を考えて(つまりお金を増やそうと思って)するものではないのです。お金を増やそうと思うのは「投資」の世界の話なのです。

「72のルール」を知る

お金を預けると利息がつきます。利息は元本に対して何%という割合（金利）で計算されます。金利はロングランで見ればその社会の経済成長率とほぼ等しくなると考えられています。この金利については「72のルール」を覚えておくことが基本です。

72÷金利（成長率）≒元本が倍になる年数

これが「72のルール」です。僕が社会人になった頃は、金利が8%を超えていました。すると100万円預けると「72÷8＝9」で、9年で200万円になることがわかりますね。同様に、金利が1%だと、「72÷1＝72」で72年かかります。金利が0・1%だと「72÷0・1＝720」で720年かかります。

つまり、現在の日本のようなゼロ金利状況では、銀行や保険会社にお金を預けてもお金は増えないということがわかりますね。少し難しく表現すれば、日本銀行のゼロ金利政策は保険商品や年金商品など長期の貯蓄商品の魅力を減殺（げんさい）するのです。つまり、お金を増やそうと思えば投資信託など元本の値段が変動する変動商品に頼るしかなくなるのです。

ドルコスト平均法を覚えておこう

変動商品に投資するのはなんだか怖いと思いますよね。なぜなら100万円が200万円になるかもしれませんが、0円になるかもしれないわけですから。

でもよく考えてみると、値動きがある商品なら、安いときに買って高いときに売ればもうかるはずです。そこで人類は約200年の投資経験を経て、ドルコスト平均法という方法を発見しました。

これは毎月定額（たとえば1万円）で投資信託や株を買っていく方法です。

今月、価格が1万円の投資信託を1つ買いました。
来月、価格が5000円に急落すると、2つ買えます。
再来月、価格が2万円に高騰すると、0・5しか買えません。

これを毎月ずっと繰り返していくのです。すぐ気が付くことは、安いときにはたくさん買えるが高いときには少ししか買えないということです。つまり、平均取得コストは時間の経過とともに安くなっていくのです。そして、お金が必要なとき、平均取得コスト以上なら売却、以下ならもうしばらく持ち続ければいいのです。

欧米では、投資初心者は誰でもドルコスト平均法による投資信託の購入から始めるといわれています。みなさんもお金を増やしたいなら是非一度少額から始めてみてください。ただ、世界ではドルコスト平均法よりはるかにもうかる投資方法が既に確立されています。それは、自分に対する投資です。

たとえば英語や中国語ができれば、より高い給与の職が見つかりやすいと思いませんか。欧米の先進国では、社会人になっても勉強を続け、新しい資格や学位を取ることで、生涯給与を増やすことが最高の投資手段と考えられているのです。

なぜ給与が増えるのか

みなさんがケーキ屋さんに就職したとしましょう。最初は、1時間に500円のケーキを1個つくります。そのうち慣れてくると、2個つくれるようになります。2個売れば1000円になりますから、経営者はみなさんの給与を上げてくれるかもしれません。

この簡単な例からわかるように、労働生産性（1時間当たり1個から2個）が上がれば、その範囲内で給与が増えるというのが、基本的な考え方です。

もちろん他にも新しいケーキを創作するなど売上に貢献すれば、給与は増えます。要は、いい仕事をすれば（労働生産性を上げれば）給与は上がるのです。

日本では年功序列といって、長年勤めれば勤続年数に応じて給与が上がるというガラパゴス的な労働慣行がありましたが（今も残っています）、グローバルにはここで説明したように、成果序列が一般的な考え方です。

フェイクニュースにだまされないように情報の真偽を確かめるクセをつけよう

エピソードではなくエビデンスで考えよう

　パリに遊びに行って帰ってきた友人が僕にこぼしました。「デパートで何かを買っても店員はニコリともしないし、包んでもくれないんだよ。それに比べれば日本人の何と優秀なことか」と。その友人は普段から「自分は数字に強い」と吹聴していたのでちょっとからかってみました。

「この四半世紀、日本の正社員は2000時間労働で、成長率は1%もいかない。フランスは1500時間労働で1～2%成長しているよ」

　友人はすぐに気づいて、「自分としたことが、エピソードで話してしまったな。日本人のデパートの店員は優れた仕事をしているのに、マネジメントがなっていないからマネタイズできない、あるいは生産性の向上に結び付けることができないのだな。だから骨折り損のくたびれもうけで、社会の閉塞感が強まっているんだな」と。

この飲み屋での話のように、いろいろな物事を考えるときには、エビデンスベースで、つまり、数字・ファクト・ロジックで考えるクセをつけたいものです。もっともらしい意見を聞いたときは、「その根拠となる数字やデータ（文献）はどこにあるの？」とたずねるだけでいいのですから、少しも難しいことではありません。

フェイクニュースを見破るコツは

ＳＮＳの発達に伴（ともな）い、この社会はフェイクニュースであふれかえっているといわれています。情報の洪水の中で、その真偽を確かめるのは難しいともいわれます。でも僕はそれほど難しいとは考えていません。調べたい項目の後に、「データ」もしくは「統計」などと入力してネット検索すればいいのです。

検索ロボットは優秀ですから、信頼度の高い情報が上から順に並びます。国連やＩＭＦ、世界銀行、ＯＥＣＤ、政府などのデータです。日本政府は信頼できない、という人がいるかもしれません。確かに政治家は、時にはかなりいい加減な発言を行いますが、政府のデータや統計をごまかすことはできません。一度でもそんなことをすれば、国際社会から信頼されなくなります。なぜなら、国連やOECDは各国政府から提出されたデータをベースに、いろいろな施策を考えているのですから。つまり政府のデータは信用に値するのです。

英単語がわからないときに辞書を引くように、ネット検索を行うことが大切です。ウィキペディアも一昔前の百科事典並みの正確さはあると思います。ウィキペディアのいいところは、出所や根拠が不確かな記載は、冒頭にその旨が明記されていることです。

加えて新聞を複数読み比べることをオススメします。読み比べることによって、同じ記事でも扱いの大小が異なることや評価が異なることがよくわかります。それはなぜかと考えることで、情報に対する感度が磨かれます。俗に５大紙と呼ばれる新聞（読売・朝日・日経・毎日・産経）ならどれを選んでもいいと思います。

英語ができれば、週末だけでもいいので英字紙を読んでみるとさらにいいと思います。僕の情報源の９割以上は新聞３紙からきています。それにネット検索を加えると、フェイクニュースの見分けは簡単につくようになります。何よりも新聞にはフェイクニュースはめったなことでは載りませんから。

子育てに時間がかかる理由のひとつは、人間が頭が大きく二足歩行をする動物だから

子育ては、権利ではなくて親の義務である

この章の最後に、科学的な視点から「子育て」を考えてみましょう。
人間は、ほかの動物と違って子育てに時間がかかります。時間がかかる理由はおもに2つあります。

【人間を育てるのに時間がかかる2つの理由】

①人間は、頭が大きくなり二足歩行をする動物だから

②社会が複雑になっているから

①人間は、頭が大きくなり二足歩行をする動物だから

人間は、ほかの動物にはない2つの特徴を有しています。「頭（脳）が大きい」ことと、「二足歩行をする」ことです。

二足歩行をするために骨盤が小さくなり、骨盤が小さくなったことで産道が狭くなりました。産道が狭い上に頭が大きいという2つの制約から、人間の赤ちゃんは正常分娩であっても、未熟児スレスレの状態で生まれるしかないのです。

ほかの動物は生後数時間で立ち上がりますが、人間の赤ちゃんがつかまり立ちをする目安は、生後8カ月〜11カ月といわれています。予定日に生まれても、人間はあまりに幼いため、すぐに立つことはできません。だから人間の女性は出産と同時に愛情ホルモン（オキシトシン）を大量に分泌します。これが母性愛の正体ですが、そうしないと赤ちゃんの面倒が見られないからです。

ほかの動物と違って、人間は成人になるまでに15〜18年ほどかかります。つまり人間の子育てには、時間がかかるのです。

親の権利を一般に「親権」といいますが、子どもに対して親が何らかの権利を持っているという考え方は間違っていると僕は思います。

子育ては権利ではなくて親の義務であり、「親義務」もしくは「親務」と改称すべきです。

未熟児スレスレで生まれたわが子を一人前の大人にするのは、親の責務です。

親の権利は名前をつけることぐらいで、後は、親は子どもを一人前に育てる義務ぐらいしかないというのが僕の意見です。また、親と子の関係は、たとえ両親が離婚をしても途切れるものではありません。その意味で、わが国の単独親権は先進国には例をみない歪んだ制度だと思います。

科学的に見ても、父親が子育てをしたほうがいい

東京大学教授の池谷裕二さんが、著書『パパは脳研究者：子どもを育てる脳科学』（クレヨンハウス）の中で書かれていますが、女性が出産する際には、脳内で「オキシトシン」というホルモンが大量に分泌されます。

オキシトシンは、別名「幸せホルモン」「愛着ホルモン」「絆ホルモン」とも呼ばれていて、オキシトシンが体内で放出されると、母親は赤ちゃんと深い愛情で結ばれます。母親が子育てを厭（いと）わないのは、オキシトシンが分泌されているからです。

一方男性の場合は、オキシトシンは自然には分泌されません。男性は、実際に子どもを育てる作業を通じてオキシトシンが分泌されます。つまり、「子育て」というプロセスを経ることでオキシトシンの分泌が促され、子どもに対する愛情が芽生えるのです。
男性の場合は、子どもがかわいいから面倒を見るのではなく、面倒を見るからかわいいという気持ちが生まれるのです。したがって、父親が育児休暇を取って子育てをするのは、科学的にも理にかなっているのです。もっといえば、男性は育児を行うことによって、愛情にあふれた一人前の男性に成長していくのです。

ＥＵの「新ワークライフバランス指令」の中の「育児休業指令」には、働く父親と母親両方に対する育休の最低必要条件と、これに関連する雇用保護について規定されています。主要項目は次の通りです。

・「労働者は実子誕生、または養子受け入れ後に育休を取得する権利がある」
・「男性と女性は、育休の取得に際し、雇用契約の種類に関係なく同等の待遇を受ける」
・「最低４カ月の育休を両方の親に個人的権利として与えなければならない」

日本の企業の中には、全男性に「1日」だけ育児休暇を強制的に取らせて、「男性の育児休暇取得率100%」とPRしているような事例が見受けられます。

これはあくまで、メディア露出や政府のアンケート調査対策にすぎません。医学的には、2~3カ月は子どもの面倒を見ないとオキシトシンが十分出ないことがわかっているので、EUにならって、働く父親に対する育休制度をもっともっと拡充すべきです。

②社会が複雑になっているから

人間を育てるのに時間がかかる2つ目の理由は「社会が複雑になっている」からです。

人間は高度な文明を築いているので、現在の社会の構造はとても複雑なものになっています。

しかも、時代が変化するスピードは、これからますます速くなります。たとえ最新のプログラミング言語を学んだとしても、すぐに陳腐化するでしょう。

こうした時代では、ダーウィンのいう通り、変化に適応するしかない。上手く適応するためには、

「政府とは何か」

「社会保障とは何か」

「お金とは何か」

などといった社会生活に必要な基本的なリテラシーを身につけておくことが必須です。

飢えた人に食べ物を与えるのではなく、魚の釣り方を教えるのが教育だと僕は思います。


人間が生きている現実の社会は、いろいろな制約があり、かなり複雑です。複雑になった社会で生きていくためには、社会のいくつもの前提条件を知る必要がある。だから、育てるのに時間がかかるのです。

母親に子育てを任せるのではなく、「集団で育てる」のが教育の基本

「3歳児神話」は「3歳児デマ」

「こんなに小さいときから保育園に預けられて、かわいそうに……」

働くお母さんがよくいわれる言葉です。

「子どもを常時家庭に置いて、母親の手で育てないと、子どものその後の成長に悪影響を及ぼす」という「3歳児神話」は、教育学的な見地からも、脳科学の見地からも、合理的な根拠は何ひとつ認められないことが明らかになっています。3歳児神話は、さながら「3歳児デマ」そのものです。

既に1998年の厚生白書が、「母親が育児に専念することは歴史的に見て普遍的なものでもないし、たいていの育児は父親（男性）によっても遂行可能」と指摘して、3歳児神話を退けています。

【厚生白書の論旨】（一部抜粋）

・「母親と子どもの過度の密着はむしろ弊害を生んでいるとの指摘も強い」
・「欧米の研究でも、母子関係のみの強調は見直され、父親やその他の育児者などの役割にも目が向けられている」
・「特定の者との『愛着』関係が発達することは大切だが、基本的信頼感は、乳幼児期に母親が常に子どもの側にいなければ形成されないというものではない」
・「保育所や地域社会などの支えも受けながら、多くの手と愛情の中で子どもを育むことができれば、母親が孤立感の中で子育てするよりも子どもの健全発達にとって望ましい」
・「子育てに他人の手を借りずにすべてを自分でやり遂げるということだけが子育てにおける親の責任の果たし方ではない」

ホモ・サピエンスは、集団保育が原理原則

ホモ・サピエンス（現生人類）の20万年に及ぶ長い歴史をみると、子どもは集団保育が基本であることがわかります。

京都大学の総長で霊長類研究の第一人者、山極壽一（やまぎわじゅいち）教授は、人間は共同養育をするように進化してきた種であることをずっと昔から主張されています。

ホモ・サピエンスが定住生活をはじめたのは、およそ1万3000年前からです。それ以前の人類は、狩猟と採集によって食料を調達しながら、ユーラシア大陸↓北アメリカ大陸↓南アメリカ大陸と移動生活を続けました。人類が世界中に広まったこの旅は、「グレートジャーニー」と呼ばれています。

連合王国（イギリス）の人類学者ロビン・ダンバーの研究によると、人間社会の基礎単位「ダンバー数」（安定的な社会関係を維持できる人数の上限）は150人程度とされ、ホモ・サピエンスは、150人規模の集団生活を約19万年にわたって営んでいたと考えられています。

きれいな泉がわいているなどキャンプに適した場所が見つかると、男も女も森に入って

いき狩猟・採集をして、シカを獲ったりハチミツや薬草などを採る。その間、ケガをした人や高齢者が赤ちゃんを集めて集団保育を行う。働ける者が働き、子どもはみんなで面倒を見る。それがホモ・サピエンスの原初の姿でした。

つまりホモ・サピエンスは、約19万年にわたって集団保育で社会性を獲得してきたのです。

子どもを保育園に預けるのは、正しい

産後鬱の原因のひとつは、母親が3歳児神話に縛られて、24時間365日、赤ちゃんとずっと2人きりでいるからです。3歳児神話をかたくなに信じて、「保育園に預けてはいけない」と論ずる人に、僕はこう聞くようにしています。

「あなたは上司と2人きりで、マンションの一室にこもって仕事をしたいですか？」

答えは明らかです。嫌に決まっています。育児も介護も集団で行っていたのが、ホモ・サピエンスのファクトです。「介護は家族が担うもの」「育児は母親が担うもの」などと

いった戦後日本の一部で見られた家族観は、ホモ・サピエンスの原理・原則に明らかに反しています。

これは、戦後の日本が製造業の工場モデルに過剰適応して、「男は仕事、女は家庭」という性分業を推進したことが主因です。性分業を推進するための制度である「配偶者控除」や「第3号被保険者」が女性の意識を変えました。加えて、男尊女卑の朱子学に教導された明治以来の国民国家観（日本人は天皇の赤子である。天皇制・家父長制をコアとした国民の創出）が基盤にあったので、なおさらでした。

ヒトという種にとっては、「子どもを保育園に預ける」ほうが健全で正しい選択なのです。

数年前に、ある高校生と公開対談をしたことがあります。なんと中学生で会社をつくって社長になり、活動をしている女性です。中学生でベンチャー企業を起こした人と、還暦でベンチャーを創業した僕、という組み合わせで話をしました。

対談の終わりに、その高校生のご両親に対して、「どんな教育をしたのか聞きたい」という質問が会場から出ると、彼女はスッとマイクを取って、代わりに答えました。

彼女が話したことは、とてもシンプルで、

「お父さんもお母さんも何も言わなかったけれど、私がお菓子が欲しいとねだったときには、『なんでお菓子が欲しいの？』と聞いてきた。そして、なんで欲しいのかを説明できなかったら、買ってもらえなかった」

というものでした。「なんでしたいの？　なんで欲しいの？　どうして？」と聞かれたので、小学生のころから、その答えを自分で探すようになったということです。

そうした経験は何も、特別なことではありませんし、それがすべてではないかもしれませんが、彼女にとっては、「自分の頭で考えて、答えを探す」ことが習慣づけられるきっかけになったのではないでしょうか。

そして、そのように「自分の頭で考えさせる」きっかけとなる問いかけは、家庭の外で、つまり学校でこそもっともっと行うべきことではないでしょうか。

特別対談

久野信之 × 出口治明

KUNO NOBUYUKI　DEGUCHI HARUAKI

「これからの学力養成」を目指すアクティブラーニングに注力している北海道・江別市の立命館慶祥中学校・高等学校。海外研修旅行は、生徒自身の考えと問題意識の観点からコースを選択できるなどユニークな取り組みで注目されている。「アクティブラーニングは、『教わる』のではなく『自ら学んでいく姿勢』が基本だ」と話す校長の久野信之氏と「教える」ということについて議論する。

久野信之（くの のぶゆき）
札幌市出身、1960年生まれ。慶祥学園教諭、立命館慶祥高等学校教諭、立命館慶祥中学校・高等学校教頭（2008年）、同副校長（12年）を経て、2015年4月に校長に就任。同校は「世界に通用する18歳」を掲げ、グローバル人材の育成を目標とした取り組みを行っている。2020年4月から学校法人立命館常務理事（一貫教育担当）。

最初に型にはめなければ、型破りの生徒は生まれない

出口治明（以下、出口）：僕が社会人になったころは、言葉の意味一つを調べるにも、図書室へ行って百科事典を引かなければなりませんでした。けれども今は、スマートフォンですぐに検索できます。「知識×考える力」を仮に教養と置くと、知識を得るためのコストが小さくなっている現代では、考える力の差が結果を分けます。

では、どうすれば考える力を鍛えることができるのかといえば、最初は、真似をすることだと思うのです。ただし、良いレシピを真似しなければ料理も上達しないのと同じで、考える力を鍛えるときも、優れた考える力を持った先人たちの思考のパターンを学ぶことが大切だと思うのです。

アダム・スミス、デカルト、アリストテレスなどの古典を丁寧に読み込んで、彼らの思考のプロセスを追体験し、それを自分なりにアレンジしながら、考える力を鍛えるほかありません。

久野信之（以下、久野）：初等・中等の教育の中で、たびたび「世界を動かすような、型破りの生徒を育てるにはどうすべきか」という議論が出るのですが、最初に型にはめないと、破りようがないわけですね。つまり、小学生の間に、挨拶や礼儀などを教えて、常識的な

枠組みの中にいったんはめることが必要なわけです。

柔道の選手にしても、剣道の選手にしても、一流の選手というのは、しっかりとした基礎・基本の型を身につけていて、その上で、世界で戦うための独自の技を磨いていますよね。それと同じです。型破りな生徒にしたいからといって、最初からすべて自由にさせてはいけないのだと思います。

出口：問題は、その型がある程度合理的な優れた型かどうか、ですね。料理でも、料理がヘタな人のレシピを最初に真似したら、料理は上達しないでしょう。変な型を破ったところで、変な型破りになるだけです。

まともな型を破ってこそ、まともな型破りができるのですから、型にはめるときは、今までの学校教育の経験の中で相対的に合理的で、「良い」と思える型を教えないといけないですね。ですから、先生がたには、不断に勉強して教える型を見直していただかないと。

ある研究によると、人間の向学心や好奇心は、18～19歳にピークを迎えると考えられていて、このときに学習習慣を身につけておくと、大人になってからも学び続けるそうです。

久野：学習習慣といっても、学校で勉強する、とか、塾に通うということ以上に、「自ら、いろいろなことを調べたり、考えたりする」という意味での学習習慣が大切ですよね。

出口：その通りです。

僕の出身高校である三重県伊賀市の県立上野高校で、最近、現役で東京大学に入学した生徒がいます。彼は「大学に行くなら、日本で一番難しい東大に入りたい。けれど自分は勉強が好きではないし、長時間勉強できる集中力もない。せいぜい2時間が限界だ。なので、夜7時くらいに晩御飯を食べて、その後、8時くらいまではテレビを観たりして過ごして、8時から10時までしっかり勉強しよう」と決めて、それを3年間続けた結果、塾にも行かずに東大に合格しました。どうすれば勉強を続けられるのか、どの教科をどれくらい勉強すれば合格できるのかなどを自分の頭で考え、自分で習慣化したわけですね。

久野：おそらく東京大学に入学するような子どもは、毎日、3、4時間勉強する習慣はついていると思います。けれど不思議なことに、東大に入学したとたん、勉強をしなくなる学生もいる。彼らは受験勉強を習慣化することはできても、「わからないことがあったら調べる」「疑問に感じたことの答えを見つける」という、本当の意味での学ぶ習慣が身についていないのかもしれません。学校の勉強の成果は、偏差値やテストの点数で測ることができます。ところが、学ぶ姿勢は、得点として表れるものではありません。学ぶ姿勢がなくても、塾に通わせて知識を詰め込めば、テストで好成績を上げる子どもはいっぱいいます。

出口学長がおっしゃった学習習慣というのは、何か新しいことにぶつかったときに、

「これはどういうことだろう？　何の役に立つのだろう？　どうしてこうなったのだろう？」ということを調べていく姿勢や、心や、志のことだと解釈しています。

出口：そうです。疑問を疑問のまま残さず、腹落ちするまで調べて、腹落ちするまで考えてみることが大切ですね。

「世界に通用する18歳」を育てる

久野：私の経験上、18歳よりも少し前、15歳から17歳くらいまでの間に学びを通じて大きな感動を覚えると、学ぶ習慣、学ぶ姿勢が一生続くと思います。

感動は、学びの動機になります。たとえば私たち立命館慶祥は、出口学長がご存じのように、高校2年時に海外研修旅行を実施しています。いわゆる修学旅行ですね。

立命館慶祥の国際教育の基本は、物事の本質に迫ることです。海外研修旅行は、生徒自身が、自らの考えと問題意識の観点からコースを選択できるようになっています。

本物を見て、本物に触れ、本物を知る。その感動と体験を通じて、自ら考え、問題意識を持つようになるわけです。

出口：立命館慶祥高校の修学旅行は非常にユニークですね。

久野：そうですね。立命館慶祥が開校したのは、１９９６年です。開校当時、修学旅行のコースを選択制にした学校は、全国的に見ても非常に珍しいものでした。
出口：コースは全部でいくつあるのですか?
久野：ベトナム、マレーシア、タイ、ガラパゴス、アメリカ、北欧、ポーランド・リトアニア、ボツワナの８コースです。それぞれテーマが決まっています（97ページ参照）。
立命館慶祥は開校以来、世界を変え、世界を支える人材の育成を目的として、「世界に通用する18歳」を目標に掲げていますが、ではどうすれば世界に通用する18歳を育成できるのか、先生がたが「ああでもない、こうでもない」と議論する中で、「３つのＣ」という考え方が生まれました。
ひとつ目の「Ｃ」は「チャレンジ（Challenge／挑戦）」、２つ目は「コントリビューション（Contribution／貢献）」、３つ目が「コラボレーション（Collaboration／共働）」です。そして、この３つのＣを生徒たちに体験させるために、多彩な海外研修プログラムを準備することにしたのです。
出口：高度成長期の日本の新三種の神器、カー、カラーテレビ、クーラーの「３Ｃ」より、何倍も意味がありますね（笑）。
久野：たとえばリトアニアは、当時は日本人がひとりしかいませんでした。街には銃弾の跡や動かなくなった戦車がそのまま残されていました。

出口：ソ連の国家評議会がリトアニア、ラトビア、エストニアの独立を承認したのは、1991年です。独立後、まだ5年しか経っていないときに行かれたわけですからね。

久野：リトアニアに行くことが先に決まっていて、あとからテーマを決めたのではなくて、「国づくりとは何か」というテーマが先に決まっていて、「では、どこに行くのか」を選定する過程で、「独立したてのリトアニアはどうか」と。

出口：人間はどのようにしてゼロから国家をつくるのか、国民をつくるのか。国づくりはベンチャーにも役に立つテーマですね。すごくおもしろいですね。

久野：ところが当時、リトアニアに修学旅行に行く日本の学校なんてないわけです。各コース、だいたい40名前後が参加するのですが、40名をリトアニアに連れていくだけでも難儀でした。

出口：ホテルに宿泊したのですか？

久野：いいえ、ホームステイです。あらゆる階級のあらゆる家庭に入ってみなければ、その国の本質を知ることはできないと考え、労働者、中産階級、それから国のトップに至るまで、本校の生徒をホームステイさせました。リトアニアの首相のお宅に泊まった生徒もいます。

出口：ホームステイを終えたあと、生徒たちは「労働者はどういう生活をしているのか、国をつくろうとしている省庁の人たちはどのような生活をしているのか」を話し合うわけですね。

久野：はい。その場所に行って、そこにあるものを見て、触れて、食べて、その国の通貨を使って、そこにいる人たちと話をしなければ、本当のことはわかりません。でも、それをすれば、生徒たちは必ず感動します。

出口：そしてその感動が原動力になって、帰国後も自ら進んで学ぼうとする。

久野：その通りです。

「命の重さに違いはあるか」という問い

出口：ベトナム研修のテーマは何ですか？

久野：ベトナムは、「国際ボランティア」がテーマで、孤児のための施設や地元の名門校を訪れます。「3つのC」の内の貢献ですね。ホーチミンに水頭症の赤ちゃんが収容されている施設があります。赤ちゃんは160人もいるのに、医療スタッフは足りていません。

水頭症の赤ちゃんが生まれると、若い母親の多くが朝早くこの施設にやってきて、黙って赤ちゃんを置いていくんです。誤解を恐れずに言えば、捨てていく、といってもいい。

出口：経済的に困窮していて、育てる余裕がないからですね。

久野：そうです。あるとき、私たちの生徒が「水頭症であっても、自分の子どもであるなら育ててほしい。置き去りにしたら赤ちゃんがかわいそうだ」と考え、子どもを置きに来た母親に手紙を渡すことを思いつきました。

6人1チームになって早朝から施設に待機して、母親が赤ちゃんを捨てに来たら、わずかな現金……、日本円で150円くらいですが……、と一緒に手紙を渡そうとした。ところが結果的に、彼らは手紙を渡すことができなかったのです。

出口：どうしてですか?

久野：母親と対面したとき、生徒たちは最初にこう質問をします。

「あなたは、何歳ですか?」

すると、ほとんどの母親が、15歳とか16歳と答えます。そこではじめて生徒たちは、厳しい現実と直面する。自分と同じ年齢で水頭症の赤ちゃんを産んだ女性に対して、「責任を持って育ててほしい」とは言えなくなってしまうわけです。

慶祥の生徒たちは、研修に先立って日本で募金活動をして、お金を集めて、自転車やお米を持って、施設を訪れます。現地でのボランティア活動を心待ちにしている生徒がほとんどです。

ですが、実際に施設に行くとどうなるかといえば、怖くて、病室に入ることができない生徒もいるのです。「自分はこの施設で介護をする」と決めてきたのに……、心待ちにしていたのに……、病室に入ることすらできない。生徒たちはそうした現実と向き合い、心を動かされながら、大きな学びを得ています。

このコースに参加した生徒のうちじつに6割が、今、医師になっています。

私たちは進学校ですから、面接の指導もしています。医学部を受験する場合、必ず聞かれるのは、「命の重さに違いはあると思いますか」という質問です。

模範的に考えると、「命の重さに違いはありません。収入・文化・宗教・人種を超えて、命の価値は同じです」と回答すべきですが、慶祥の生徒は「命の重さに違いがあると思います」と答えます。なぜなら、ベトナムでの体験があるからです。

実際に赤ちゃんを抱いた彼らは、栄養を十分に与えられて育った健康な赤ちゃんと、貧困の中で育てられた赤ちゃんの重さに明らかな違いがあることを体感的にも知っているからです。

出口：教育者がしなければいけないことは、子どもたちに「本当の自分」と向き合う機会を与えることなのですね。

久野：そういうことです。「僕は誰のために、何のために医師を目指すのか」「誰のために、何のために勉強するのか」、その壁にきちっと向き合わせることが、出口学長が最初におっしゃった学びの姿勢、学びの習慣を生むことにつながると思います。

14年かけて実現させたボツワナへの海外研修

出口：もうひとつ、コースの説明をしていただけますか？

久野：今、一番注目を集めているのは、ボツワナのコースです。このコースを発案したのは２００２年で、実現するまでにじつに14年もかかりました（笑）。

慶祥史上ではじめてとなるアフリカ大陸での研修です。

出口：どのようなコースなのですか？

久野：このコースに参加する高校生は、ボツワナ政府より「自然文化親善大使（アンバサダー）」として任命されます。そして、自分たちが見たボツワナの美しさを札幌の市民、北海道の道民に発信します。

東京の港区にあるボツワナ大使館から、ンコロイ・ンコロイ大使が慶祥高校まで来てくださり、生徒一人ひとりにアンバサダーのバッジと証書を渡します。そして生徒たちは、自然文化親善大使という称号を持って南アフリカまで飛んで、ボツワナに入る。そこでサファリ・キャンプをしながら、ボツワナが持っている自然の魅力と、人の魅力を記録にまとめて、帰国後にアウトプットしていきます。

出口：ボツワナに入るのは大変ではありませんか？

久野：南アフリカからボツワナへの飛行は本当に苦労しました。もうダメかと思うときもありました。驚いたことに、18歳未満の若者が旅行者に含まれる場合は、アフリカでは人身売買の可能性を疑われ、人身売買ではないことを証明する政府発行の書類がないと出国できないのです。私たちはボツワナ共和国発行の書類は持っていたのですが、南アフリカは経由地だったので、持っていなかったのです。日本の学校の修学旅行であることを説明してもなかなか理解してもらえず、本当に苦労しました。

出口：僕はよく、人間は「人・本・旅からしか学べない」と話していますが、この3つの中でもっとも強く心を動かすのは、旅でしょうね。旅は五感で感じますから。

久野：そう思います。

寝泊りはテントです。周囲には野生動物がいますから、トイレに行くときもレンジャーが同行します。生徒たちが、朝、歯磨きをしていると、すぐ横にアフリカ象がいるんです。象よけがあるとはいえ、アフリカ象のとなりで歯を磨く経験は、サファリの中でしかできません。そのときの感覚、そのときの感動は、そこにいなければわからないものです。

大人にできることは、子どもたちに広い世界を見せてあげること

久野：学びの中で、涙が出るほど感動できる子どもというのは、日本の中・高生の数%しかいないのではないでしょうか。だからこそ、子どもたちに本当の感動を与える機会を私たち教育者がつくっていかなければいけないのだと思います。

出口：そういう機会を与えたら、教師が教えなくても、子どもたちは自然に学ぼうとするでしょうね。ですから「教える」ということは、ある意味では「場所を与える」ことなのかもしれないですね。

久野：たとえば平和とか、自然とか、戦争とか、私たちには、教えることができないテーマがあるんです。もちろん、教科書を開けばいろいろ書いてあります。教師用のマニュアル本にも、教え方が書いてあります。でも本来、平和も自然も、教科書的に学ぶのではな

くて、生徒が実際に現場に出て、自ら気づくことなんです。

出口：僕もそう思います。単なる知識やテクニックを教えることはできますが、人間の社会に起こるすべてのことを、教室で人工的に教えることができるのかというと、そうではありません。

学ぶという姿勢は、テクニックを暗記するだけでは身につかない。自分が腹落ちして見つけるものであって、人に教えてもらうものではないのかもしれませんね。

教師のほうにも、「自分には教えることができないことがある」という自覚が必要でしょうね。人間はそれほど賢くありません。それなのに人は傲慢になりがちで、「何でも教えることができる」と勘違いをしてしまう。まず、「教室や教科書では教えられないことが山ほどある」と自分の限界を認識した上で「ではどうすればいいのか」を考えることが大切だと思うのです。

久野：そうですよね。「教える」から、「学ぶ」にシフトしていかないといけないと思います。日本の教育の問題点は、「自ら学ぶことを、教えようとしている」ことです。

出口：それは絶対的な矛盾ですね。自ら学ぶことが大切だと教えていながら、自ら学ぶ方法を教えようとしているわけですからね。

久野：すべてを教えられるわけではない以上、私たちがしなければいけないのは学ぶ環境をつくることです。

出口：大人にできることは、広い世界を見せること。それから、自らがロールモデルとなること。あるいは知識の一部をわかりやすく教えること。それくらいしかできないのではないでしょうか。

久野：そう思います。

教育の目的は、「生きる武器を与え、考える力を養う」こと

出口：久野校長は、もともと、何の科目を教えておられたのですか？

久野：私は札幌市内の高校で生物の教師をしていました。ヤンチャな子どもたちがいっぱいいる高校で立命館とはまったく違いますけど（笑）、すごく楽しかったですね。

出口：当時は、どんな先生になろうと思っていたのですか？

久野：進学校ではなかったですし、ヤンチャ揃いでしたから、教科書の知識をそのまま教えるより、人生の役に立つことを教えたほうがいいと思っていました。

出口：たとえば、どういうことですか？

久野：たとえば、ガールフレンドの選び方（笑）。減数分裂をテーマにしながら、「多くの

遺伝というのは、男女ともに、母方から来るX遺伝子の影響を受ける。だからガールフレンドを選ぶときは……」とか（笑）。

出口：それはとっても役に立ちますね（笑）。

僕自身は、子どもに教えることは2つしかないと思っています。

ひとつは、久野校長がいわれたように、人生の役に立つこと。具体的には、お金の使い方とか、増やし方とか、選挙での投票のしかたとか、税金の考え方とか、社会保障とか、いわば「生きるための武器」を教えることです。

それからもうひとつが、どこでもいつでも、自分の頭で考え、自分の言葉で自分の意見をいえるように育てることです。考える力（ロジカルシンキング）といってもいいと思いますが、要するに教育の目的は、「生きる武器を与えること」と「考える力を養うこと」の2つしかないと思っています。

人生にも仕事にも、遊び心が必要

久野：子どもたちがワクワク、ドキドキしなければ、勉強は続きませんから、人生を楽しんだり、感動したりする力も大切ですよね。人生を楽しむ力がなかったら、家族を幸せにすることも、自分を幸せにすることもできません。
たとえば、スポーツや芸術をいくら教えたところで、全員がウサイン・ボルトになれるわけでも、ピカソになれるわけでもない。ですが、ウサイン・ボルトの走りに感動したり、ピカソの作品を見て涙が出るほど感動することは誰にだってできるはずです。

出口：たしかに、感動できる能力や楽しめる能力は大事ですよね。
人はそれぞれ能力も才能も違うのですから、「自分の好きなことをやってご飯が食べられる社会が理想だ」と僕は仮置きしています。

でも、好きなことをやっていても苦労はある。うまくいったり、うまくいかなかったりする中で、すべてを楽しむ力を持つことができれば、素晴らしい人生をおくることができる気がします。
久野校長ご自身も、人生を楽しんでいらっしゃいますよね。
僕は、立命館慶祥を「立命館の宝」と呼んでいるのですが、文武両道で、尖った生徒がどんどん生まれています。こうした進学校の校長というと、二宮尊徳のようなイメージがあるじゃないですか。でも久野校長はまったくそうではない（笑）。

これは僕の持論ですが、24時間365日、教育のことばかりを考えている人は、立派な教育者にはなれないと思います。なぜなら、行き詰まってしまうからです。ゴールドマン・サックスのCEOのデービッド・ソロモンは、プロのDJなんですよ。日本の企業の社長の中には、「俺は24時間仕事のことしか考えていない」という人もいて、それをみんなが立派だと褒めますよね。でも、脳科学的に考えたら、24時間仕事のことを考え続けていたら、行き詰まるに決まっているのです。

何事かを成すには4つのPが必要だといわれています。目的（purpose）、情熱あるいはやる気（passion）、それと仲間（peer）です。この3つでやれそうだと思う人が多いのですが、もうひとつのPが決定的に重要です。それは、遊び心（play）です。

人生を楽しんでいなければ、いい知恵は出ません。立命館慶祥が非常にクリエイティブなのは、久野校長の中に、人生を楽しもうという考えが根付いているからだと思います。

【立命館慶祥高等学校の海外研修旅行コースとテーマ】（２０１８年度実績）

※立命館慶祥中学校、立命館慶祥高等学校ホームページより抜粋

１　ベトナム

・テーマ／国際ボランティア

……戦争、貧困、差別、医療などの現代社会が抱える様々な矛盾に直面しているベトナム。孤児となった子供たちの施設や地元の名門校を訪れ、これから進むべき方向について考えます。

２　マレーシア

・テーマ／野生生物保護支援

……絶滅の危機に瀕している「森の賢人」オランウータンなどの動物たち。ボルネオ島の国立野生生物センターでの保育、植林、施設の修繕活動を行う中で、自然保護について考えます。

3　タイ

・テーマ／国際NGO・山岳民族問題

……経済発展著しいバンコクとその他の地域との格差が大きいタイ。山岳民族問題や教育開発に取り組む国際NGO施設で子供たちとの交流を通じ、問題の解決方法について考えます。

4　ガラパゴス

・テーマ／ダーウィンの見た島や生物

……赤道直下のガラパゴス諸島は、その動植物のほとんどが固有種という地球上稀な生態系を持っています。日本では直接見ることができないゾウガメやリクイグアナ・ウミイグアナを手が届きそうな間近で観察することを通じて、生態系の維持や環境保全について考えます。

5　アメリカ

・テーマ／科学技術から自由な発想を

……フロリダNASAケネディースペースセンターおよびワシントンのスミソニアン博物

館を訪問し、航空宇宙開発の歴史を学ぶとともに、夢を実現した人々の高い志を学びます。

6　北欧

・テーマ／ノーベルを生んだ雄大な自然と文化遺産

……ノルウェーではノーベル平和センターを、スウェーデンではノーベル博物館などを訪問し、ノーベル賞を受賞した偉大な先人たちの功績を学び、フィンランドでは高校の授業に参加し、同世代の若者と交流を深めます。

7　ポーランド・リトアニア

・テーマ／平和と人権

……第二次世界大戦時代、ナチスドイツ、旧ソ連に翻弄され壊滅的被害を受けたポーランドとリトアニア。両国に残る傷跡、アウシュビッツ強制収容所やKGB博物館を訪れ、平和について考えます。

8　ボツワナ共和国

・テーマ／慶祥生、アフリカに立つ

……本コースの実現には10年以上の計画と準備を要し、慶祥史上初めてとなるアフリカ大陸での研修です。本コースに参加する高校生がボツワナ政府より「自然文化親善大使」として任命され、自分たちが見たボツワナの美しさを札幌の市民、北海道の道民に発信するミッションを担います。

第2章

根拠にもとづいて話す。選択肢を与える

興味のないことはすぐに忘れるが、興味のあることは忘れない

勉強の基本は、「好きこそものの上手なれ」

2019年9月に、八重洲ブックセンター（東京都）で、拙著『哲学と宗教全史』（ダイヤモンド社）の出版記念講演会が行われました。講演後の質疑応答で、参加者の女性から、「私は今36歳です。この時期に読んでおいたらいい本があればご紹介ください」という質問を受けました。

僕の答えは、こうです。

「何でもいいんです」

なぜ、何でもいいのかといえば、興味のない本を読んでも頭に入らないからです。

最近の研究では、「最高の先生が最高の授業をしても、聞いている学生が興味をもっていなかったら、単位を取った後は授業内容をほとんど忘れてしまう」という結果が出ているそうです。

僕が続けて、「どんなジャンルに興味がありますか?」と聞き返すと、彼女が「神話とか民話など民族文化に惹かれます」と答えたので、僕は『世界の神話』(沖田瑞穂 著/岩波ジュニア新書)と、『石の物語』(ジン・ワン 著/法政大学出版局)の2冊を紹介しました。「好きこそものの上手なれ」で、どれほどいい本を薦めても、本人に興味や関心がなければ、身につかないのです。

教育で大切なのは、学生や子どもが潜在的に持っている興味や関心を引き出すことです。先生が「試験に出すから、覚えておくこと」といえば、学生は嫌々ながらしかたなく勉強をする。ですが、試験が終わって単位が取れたとたんに、すぐ忘れてしまいます。興味のないことは、覚えにくく、すぐに忘れますが、興味のあることは、覚えやすく、なかなか忘れません。それが人間の頭の構造なのです。

僕自身がそうでした。学生時代の僕は本ばかり読んでいて、勉強はほとんどしなかったので、成績も悪く、どちらかといえば劣等生でした。

僕は好き嫌いが激しくて、おもしろくない講義は出席もせず、興味深い授業だけ聴いていました。好きな科目は「優」をもらいましたが、おもしろくない講義は、「良」と「可」ばかり。落第さえしなければいいと思っていたので、おもしろくない講義には身が入らなかったのです。

興味がない人に対して教える方法はありません。逆にいえば、その人が興味をもったこと、勉強したいと思ったことを、興味をもったときに教えるのが、一番効果的なのです。

さまざまな可能性を見つける場を提供するのが親や教師の務め

大学は、自発的な学びを後押しする場です。APUでは、学生が自分のやりたいことを見つけられるよう、アクティブ・ラーニング（能動的な授業・学習）を積極的に取り入れています。

APUには、ビュッフェのメニューのように、たくさんのプログラムが用意されています。そしてその中から、学生に好きなものをピックアップしてもらいます。

ビュッフェで食事をするとき、僕は「いろいろな料理を少しずつ食べてみて、自分の口に合うものをもう一度がっつり食べるタイプ」ですが、教育もビュッフェに似ていて、子どもにさまざまな可能性を提供することが大切です。

ピアノでも、バレーでも、水泳でも、プログラミングでも、英会話でも、いろいろなことをできるだけ自由にやらせてみる。その中で、子どもがニコニコしてやっているものだけを残して、あとはやめればいい。本人のやる気がないものはしょせん伸びないからです。

親が子どもにできることは、

「人と違っていいんだよ」「人にはいろいろな個性があるんだよ」と子どもの個性、多様性を認めた上で、

「いろいろな世界を子どもに見せて、子どもの興味や関心を引き出す」

ことに尽きるのです。

精神論に終始せず、科学的根拠にもとづいた教育をする

根拠なき精神論が教育をダメにする

僕が日本の教育においてもっとも危惧しているのは、根拠なき精神論がまん延していることです。

２０１９年10月17日、神戸市教育委員会は、市立小中学校の運動会・体育大会での組み体操で、「今年度に骨折６人を含む66件の事故が発生した」とする最終集計をまとめ、市総合教育会議に報告しています。

同市の組み体操を巡っては、久元喜造市長が市教育委員会と学校に中止を要請しましたが、教育委員会はすぐには応じず、「安全性に十分配慮した上で実施する」として対立が続いていました。しかし、事故の集計結果を受けてようやく、同市教育委員会は「運動会・体育大会における組み体操の禁止」を通知するに至りました（２０１９年12月20日）。こ

こまでで何と2カ月も費やしています。

組み体操については、1年間で数千人がケガをしているというファクト（事実）があり、国連の「子どもの権利条約」委員会も問題視しています。

大阪経済大学の西山豊名誉教授が日本スポーツ振興センターのデータを分析したところ、2018年までの3年間に、全国の学校で145件の事故が起きていることがわかっています（参照：NHKオンライン「組み体操『人間起こし』全国で事故多発 専門家『非常に危険』」2019年11月20日）。

欧米において組み体操は、体が柔らかく、運動神経抜群のプロであるサーカスの芸のひとつです。成長期の子どもに強制するものではありません。「チームワークが養成できる」とか「伝統だ」と組み体操を肯定する教育者も一部いますが、組み体操には、科学的にも、医学的にも、子どもにやらせていいという合理的な根拠は一切認められません。それなのに「やめられない」としたら、なんという非科学的な社会でしょう。僕に小中学生の子どもがいて学校が組み体操を強制するなら、僕は迷わず転校させると思います。一事が万事で、そのような学校でまともな教育が受けられるとはとうてい思えないからです。

また一部には、「子どものうちに英語を教えると考える力がつかない」という意見を述べる人もいますが、これも根拠なき精神論の一種です。そう思うのなら、エビデンスを明示すべきです。

最新の脳科学では、母国語をつかさどる部位と第2言語をつかさどる部位は違っているという意見もあります。国語・算数・理科・社会の主要4科目に英語を加えても、考える力の妨げにはならないことは常識でもわかる気がします。

幼児教育がもっとも「教育投資効果が高い」

これからは教育現場から根拠なき精神論や根性論を一掃して、脳のしくみや人間心理など、サイエンス（科学）の視点に基づいた教育を行っていかねばなりません。

たとえば、アメリカの研究などでは、できるだけ幼児期に教育投資をしたほうが学習効果が高くなることが明らかになっています。

アメリカの労働経済学者で、ノーベル経済学賞を受賞したジェームズ・ヘックマン教授らは、「幼少期に適切な教育を受けることによって養われた学習意欲が、その後の人生にも大きく影響する」という研究成果を発表しています。

大人になってからの経済状態や生活の質を高める上で、就学前教育が有効であることが実証されているのです。

とくに、幼児期に適切な教育を受けた子どもは、物事をやり抜く力、集中力、コミュニケーション力といった非認知能力が向上・持続することがわかっています。教育投資効果は幼児期が一番高いのです。そうであれば、日本の課題は明らかで、7人に1人といわれている子どもの貧困問題にまずは集中的に取り組むべきです。

若いうちに「腹落ちする体験」を積むことが重要

また、最近の脳科学によると、人間の向学心や好奇心は、18〜19歳ごろにピークを迎えるという研究結果が出ています。

中学生や高校生から、「どうして勉強する必要があるのか？」と質問されたとき、僕は、次の2つのことを話しています。

【勉強をする理由】

①「選択肢」が増える

②「生涯収入」が高くなる

①「選択肢」が増える

「勉強をするのは、人生の選択肢を増やすため、好きなように生きるためです。

たとえばスキー場へ行ったとき、スキーを滑ることができれば、滑って楽しむことも、見て楽しむことも、どちらでも自分で選ぶことができますよね。

でも、スキーの滑り方を学んでいなければ、ただ見ていることしか選択できません。どちらがいいですか？　自分で選べるほうが楽しいですよね。

勉強もこれと同じで、何かについて知っているほど、人生の選択肢は増えます。勉強はしんどいことですが、勉強した分だけ選択肢が増えて、いろいろな物事を自分で選べるようになります。選択肢が増えれば増えるほど、人生は楽しいと思うのです。

学んで知るから、人生の選択肢が増える。そして、たくさんの選択肢の中から選ぶことができるから、好きなように生きることができる。人生一度きりだったら、好きなように生きたいとは思いませんか？」

②「生涯収入」が高くなる

「18歳、19歳くらいまでにきちんと勉強をした人は、勉強しない人よりも生涯収入が高くなります。これは科学的にも証明されているファクトです。同じ仕事をするなら稼いだほうが、その分選択肢も増えて、得ですよね。だとしたら、高校生までの間に、勉強する習慣をつけたほうが得。生涯収入が上がるか上がらないかは、君たち次第です」

18歳、19歳の感受性の鋭いときに学習習慣や学習意欲を身につけて、「学ぶことは楽しい」「知ることはおもしろい」という感覚を覚えると、自転車の乗り方を一生忘れないのと同じで、社会人になっても「おもしろい」という記憶が残って、一生学び続けます。

そして、社会人になっても学び続ける人は、単純にいえば、上司からかわいがられるので出世しやすく、生涯給与も普通の人よりずっと高くなります。

高校生から大学生の初期のころまでに、「知らないことを学ぶのは楽しい」「わからないことが腹落ちすると気持ちがいい」という感覚を身につけると、その後の人生においても、好きなことができて、その上、経済的にも満たされるようになるのです。

楽しく豊かな人生をおくるには、幼児期から18歳、19歳までの学習習慣が決定的な役割を担っているのです。

「タテ・ヨコ・算数」で教え、考えさせる

色眼鏡をかけたままでは、物事の判断を見誤る

近年の行動経済学の研究によると、人間は自分にとって都合のよい情報を選択し、都合の悪い現実を見ると都合よく捻じ曲げて認知する傾向があるといわれています。

人間は、「見たいものしか見ない」、あるいは「見たいように都合よく現実の世界を変換してしまう」習性を持つ動物です。

ユリウス・カエサル（古代共和政ローマ末期の軍人・政治家）も「人は現実のすべてが見えるわけではなく、多くの人は見たいと思う現実しか見ない」と指摘しています。

たとえば、安倍首相を評価する人もいれば、評価しない人もいます。同じ人に対して評価が分かれるのは、評価している人が自分の価値観や人生観といった色眼鏡を通して安倍首相を見ているからです。

色眼鏡をかけると、時にバイアスがかかってしまい、物事を正確に見極めることができなくなります。物事をフラットに、そして正確に見極めるには、方法論が必要になります。それが、「タテ・ヨコ・算数」です。

【物事を見極める方法】

- **タテ**……歴史的な視点（昔の人がどう考えていたのか）
- **ヨコ**……グローバルな視点（世界の人がどう考えているのか）
- **算数**……データにもとづく視点（どのようなデータや事実、すなわちエビデンスがあるのか）

・タテ：時間軸

「今と昔とでは時代が違う。飛行機もインターネットもない昔のことを勉強しても、役に立たない」と主張する人もいますが、時代が違っても人間の脳に違いはありません。

世界中の脳学者は、人間の脳はこの1万年間、まったく進化していないと結論づけています。昔の人も今の人も、喜怒哀楽や経営判断は同じです。ですから、昔の人の成功事例や失敗事例、思考パターンを学ぶことはとても大切です。

・ヨコ：空間軸

人類はホモ・サピエンスという単一種ですから、世界の人がどう考えているのかも非常に大事なポイントです。簡単に述べると、国際比較を行うということです。

たとえば、日本の中学校の教員は、先進国でもっとも労働時間が長いにもかかわらず、授業など教育にかけている時間は比較的少ないというデータがあります。

ＯＥＣＤ加盟国等48カ国・地域に対してＯＥＣＤが行った国際教員指導環境調査（ＴＡＬＩＳ２０１８）では、次の結果が明らかになっています。

【日本の教員の労働時間と授業時間】

・１週間の労働時間……56・0時間（1日あたり約11・2時間）　1位

・１週間の授業（指導）時間……18・0時間（1日あたり約3・6時間）　38位

日本の先生は長時間働いているのに、肝心の授業に割く時間が少ないのです。これでは本末転倒ではありませんか。

1週間の労働時間のうちに、課外活動（部活動）の指導に割かれている時間は7・5時間（1位／平均は1・9時間）です。

グローバルに比較したら、部活の指導を教員がやっている国は多くありません。たとえばアメリカでは、個人のスキル向上に関しては、教員が担当するのではなく、民間に委ねられています。部活の顧問をするために長時間働くという日本の実態は、世界的に見ると異例・異質・少数派であることがすぐにわかります。

このようなタテとヨコ（時間軸と空間軸）の2つの軸で考えてみると、物事の見え方が変わります。前にも挙げた例ですが、たとえば「夫婦別姓」の問題をタテとヨコで考えると、「夫婦別姓は当たり前である」ことがすぐにわかります。

【タテ】 日本は、明治以前は別姓だった。法律で夫婦同姓が定められているのは、歴史軸で見れば明治以降のわずか150年ほど。源頼朝は平（北条）政子と結婚して鎌倉幕府を開いているが、2人は別姓である。

【ヨコ】 37カ国あるOECD加盟国（先進国）の中で法律婚の条件として同姓を強制しているのは日本だけである。日本の法律では夫婦どちらの姓を選んでもいいとなっているのに実際には9割以上が男性の姓になっている現実に対し、国連は暗黙の女性差別と認定して、3回も是正勧告を行っている。

2018年に内閣府は「家族の法制に関する世論調査」の結果を発表しています。選択的夫婦別姓制度の導入に向けた法改正について、賛成が42・5%、反対が29・3%。世代別に見ると、60代以下は賛成多数で、70代以上は反対が過半数を占めていることがわかりました。これから結婚を考える若い世代に、70代以上のやがて消え行く世代（僕もその一人ですが）が、自分たちの古い価値観を押し付けていいはずがありません。

夫婦別姓の是非はともかくとして、「同姓が日本の伝統であり、別姓にしたら家族が壊れる」などといって夫婦別姓に反対している人は、タテ・ヨコに勉強していないか、思い込みやイデオロギーで発言している人たちです。

どんな問題でも、タテ・ヨコで見れば、割と簡単に、相対的に真っ当な答えを導き出すことができます。

・**算数**

算数とは、「数字・ファクト・ロジック」で考えることであり、エピソードではなくエビデンス（データや事実）で考えることです。

データや事実をベースにしない議論は不毛です。

典型的なひどい例としては、本を批判するとき、その本をロクに読みもしないで自分の勝手な思い込みでコメントする人がＳＮＳ上では多々見られますが、人間として恥ずかしくないのでしょうか。何事であれ、個々のエピソードではなく、全体のエビデンスをデータでチェックしないと、問題の本質を見誤ります。

たとえば日本人の、所属する組織（企業や役所）に対する信頼度を例にあげて考えてみましょう。

日本生命の国際部長時代のことです。スペインから来日したお客さま（Ａさん）と、老舗のビヤホールで食事をしたことがありました。ビヤホールはとても賑やかな雰囲気で、隣の席からも大きな声が聞こえてきました。

Ａさんが「彼らは何であんなに盛り上がっているのか？」と聞くので僕も隣の席にほんの少し耳を傾けてみたところ、会社や上司の悪口で盛り上がっているのがわかりました。そのことを伝えると、Ａさんは不思議そうな表情を見せ、こう述べました。

「ミスター出口、彼らはまわりにたくさんの人がいる公の席で、会社の悪口を話しているのですか？　誰に聞かれているのかもわからないのに？　信じられません。自分はてっきり、ひいきのサッカーチームの話か何かだと思っていました」

僕はAさんに説明しました。

「日本は、『周囲と合わせなければならない』という同調圧力がとても強い社会です。上司に異論を挟むと目をつけられてしまうので、みんな、面従腹背（めんじゅうふくはい）が得意になります。職場の中では『はい、はい、おっしゃる通りです』と同調しながら、内心では『なんとアホな』と思っているわけです。でも、不満を溜め込むと心のバランスが崩れてしまうから、飲みながら職場や上司の愚痴をこぼして発散しているのではないでしょうか」


このエピソードは、「日本人は本当の愛社精神が足りないから、ビヤホールでも平気で会社の悪口を言う」ことを示唆したものです。しかしあくまでも主観的で、「Aさんがビヤホールで体験したエピソード」にすぎません。Aさんがたまたま不思議に思っただけかもしれませんし、隣にいたビジネスパーソンがたまたま会社の悪口を言っていただけかもしれません。

したがって、このエピソードを提示しただけでは「日本人は所属する組織に対する信頼度が低い」と言い切ることはできないと思います。

日本人の所属する組織に対する信頼度が高いのか、低いのかを客観的に示すには、「数字」で説明する必要があります。

では本当に、日本人の所属する組織に対する信頼度は低いのでしょうか。

アメリカのPR会社エデルマンが、世界27カ国、3万3000人以上を対象に実施した「第19回信頼度調査　2019 エデルマン・トラストバロメーター」の調査結果を公表しています。

本調査結果によると、日本人は一般に、政府、企業、メディア、NGOに対する信頼度が低いことが明らかになっています。

「自分が働いている会社に対する信頼度」を見ると日本は59%で、26カ国中25位です（この項目の対象は26カ国）。

26カ国の平均は75%ですから、日本のビジネスパーソンは、明らかに「会社に対する信頼度が低い」ことがわかります。

おそらくこれは、日本の会社が実は社員を大切にしていないことに根本的な原因があるのでしょう。たとえば未だに日本では、いつでも転勤可能な総合職が社員の最上位に位置するという歪（ゆが）んだ慣行が温存されています。この思想の根底には、二重の蔑視が潜んでいます。

第一に、社員の地域とのつながりを考えないということです。家は、「メシ・フロ・ネル」だけの場所だと思い込んでいる。ひょっとするとその社員は週末には地元の子どもたちに慕われている名サッカーコーチかもしれません。

第二にパートナーの仕事や生活を無視している。どうせ専業主婦（夫）で黙ってついてくるだろうとタカをくくっている。グローバルには、転勤は希望者と経営者のみです。このような人間性を無視した慣行は、少しでも早くなくしていきたいものです。

グローバルな企業はとても社員を大切にしています。だから社員がどんどんアイデアを出し、企業が成長するのだと思います。

たとえばグーグルの人事部が社員に提出を求める必須のデータは、過去のキャリア、現在の仕事、将来の希望の3点だけで、国籍、性別、年齢などは含まれていません。性別や年齢などが入るとバイアスがかかる。若いほうがいいとか、女性を優先しようとか。そこには、バイアスが少しでもかからないように、仕事の成果だけで社員を評価しようとするフェアな思想がきっと潜んでいるのでしょう。

なお、エデルマンの調査は、時系列にさかのぼることもできますので、興味のあるみなさんは検索してみてください。日頃の常識とはかなり異なる日本社会の姿が見えてくること、請け合いです。

「タテ・ヨコ・算数」で原点から考える

人はそれぞれ価値観が異なるので、ひとつの考え方を押し付けるのはお門違いです。およそ人間にとって価値観の押し付けほど嫌なものはありません。

しかも、往々にして上司などに押し付けられる価値観のほとんどが根拠なき精神論ですから、二重の意味で害悪そのものです。教える立場に立つときは、色眼鏡を外すこと。タテ・ヨコ・算数を使って事実を正確に伝えることが大切です。

ＡＩ時代を迎えるにあたって、「理工系の大学院をもっとつくらなければ」と主張する識者がいます。たしかに一理あります。

たとえば、自動運転はエンジニアやプログラマーたちの知見が集まって近いうちに可能になるでしょう。では、自動運転が可能な世界が到来したとき、自動運転に見合った法律や自賠責保険は誰がつくるのでしょうか？

自動運転を普及させるには、理工系の大学院を増やすだけではなく、同時に、文系の人間の育成も必要です。自動運転のプログラムが間違って死亡事故を起こしたときに誰の責任を追及するのか、自賠責はどうなるのか、そうした制度設計が不可欠だからです。

そもそも、大学に進学する前に理系や文系を選ぶというのは、世界の中でも少数派です。大切なのは、理系文系を問わずゼロクリアで考える力です。

どんどん進歩していく世界に対して、技術的、専門的な教育だけを施しても、すぐに役に立たなくなります。本当に役に立つのは、原点から考える力、探求力であり、問いを立てる力です。社会常識を全部捨てて、「タテ・ヨコ・算数」で考える力です。人から何と言われようと、「自分の頭で自分の言葉で考える」「腹落ちするまで考える」ことができる人間をつくることが、ＡＩ時代の教育の現場では求められているのです。

教える現場では、最先端の、すぐに社会や企業でも役に立つ専門知識を教えるのが大学の役割なのか、あるいは大学は考える力（ロジカルシンキング）をひたすら鍛えるほうがいいのか、議論が続いています。おそらくどちらも必要なのでしょうが、どちらに重点を置くのかという話です。

考える力を推奨するほうは、世の中の流れが速ければ速いほど、物事の考え方（哲学やロジカルシンキング）や、本質を見る思考力を鍛えておかなければ、なにかが起こったときに対応できない。だから大学は、専門技術や知識ではなく、思考力を鍛える場であり、リベラルアーツを大事にしようという考え方に立脚しています。

最先端の専門性か、リベラルアーツか、どちらかだけを選ぶようなことではありませんし、どちらにも一理はあると思います。ただ、興味深いのは、アメリカのマサチューセッツ工科大学（ＭＩＴ）や東京工業大学という理工系のトップ大学が、リベラルアーツを大事にしているということです。

東京工業大学はリベラルアーツだけで60名を超えるユニークな教員を抱えています。先日、その部門の10名を超える先生方がＡＰＵに来られて意見交換を行いましたが、とても勉強になりました。僕自身はどちらかといえばリベラルアーツ派に属していると思います。

教える相手に「伝わりやすくなる」話し方

結論を先に述べて、そのあとで根拠を提示する

講演やセミナーで話をするときでも、プレゼンテーションを行うときでも、教壇に立って教えるときでも、部下とコミュニケーションを取るときでも、僕の伝え方の基本は、次の「3つ」です。

【伝え方の基本】

①最初に結論を述べる
②エビデンスを提示する（できれば3つ以内）
③相手のレベルに合わせた伝え方をする

①最初に結論を述べる

同時通訳をしていた友人から、次のような話を聞いたことがあります。ある高名な政治家のもとへアメリカから来客があったときのことです。

その政治家は、来客のアメリカ人に「菊池寛という小説家を知っていますか？」と話を切り出し、菊池寛の人柄や作品について語り始めました。客人は「きっと、政治のヒントがあるに違いない」「おそらく深い意味があるのだろう」と一所懸命メモを取り、僕の友人は、どういう理由から菊池寛の話をし始めたのかもわからないまま通訳を続けたそうです。

すると、その政治家は話の締めに「菊池寛に『父帰る』という小説があります。私は古くからの友人であるあなたと再会することができて、父と再会したような気持ちです」と述べたそうです。

政治家は、「旧友との再会が嬉しい」ということを伝えるためだけに、菊池寛を引き合いに出して、1時間以上、話し続けたのでした。

仮にこの政治家が、「私はあなたに再会できて嬉しい。日本には、菊池寛の『父帰る』という小説があって……」と結論から先に伝えていたら、話が長くなることも、論点があいまいになることも、相手が不安な気持ちのまま話を聞き続けることもなかったはずです。

結論が見えないままに、延々と話を続けたり、自分の思いを一方的に語ったりするのは、ルール違反です。話をするときは、結論から端的に話す。結論を最初に伝えると、「話が長くなる」「話が脱線する」「ポイントが絞りきれない」といった悩みが解消され、相手の理解度が高まります。

②エビデンスを提示する（できれば３つ以内）

たくさんの情報に触れたとき、人間の脳は、最初に「1、2、3、たくさん……」と認識し、「３つ以上ある。たくさんある」と理解したあとで、4、5、6、7、8、9……と数を数えていくといわれています。

「３（３つ）」は人間の脳にとって覚えやすく、また説明しやすい数字で、話の受け手にとっても納得感を得やすい数字です。そのため、話をするときは、結論につながるエビデンス（根拠・証拠、理由）を「３つ」に絞って提示するのが理想的です。

根拠は、エピソードではなく、数字・ファクト・ロジックで説明します。エピソードは個別の経験談ですから、「一般的にそうだ」「誰にでも当てはまる」と言い切れるものではありません。エピソードに対して、エビデンスは科学的、統計的に裏付けのあるものです。

・結論

「僕は、今回の件については、○○○であると考えます」

・エビデンス

「理由は、A、B、Cの3つです」

「Aはこうです、Bはこうです、Cはこうです」

このエビデンス（根拠・証拠、理由）の部分は、今の時代ならインターネット検索でも簡単に探し出すことができます。信頼できるデータかどうかを見極めることは大切ですが、前述したように検索ロボットは賢いので、検索上位にくるのは、国連のデータとか、IMF・世界銀行などのデータが多くなるはずです。

そうしたデータを頭に入れておけば、たとえば、

「日本は構造的な低学歴国です」（結論）

「理由は3つあって、まず大学進学率が低い。大学進学率は～」（理由1）

「次に、大学生が勉強しません。企業の採用基準に『成績』がなく、大学院生が採用されにくいので、大学院生の人口比率は～」（理由2）

「最後に、社会に出たら2000時間を超える長時間労働で、勉強する時間がありません。

一方、ヨーロッパの労働時間は〜」（理由3）

このような具合に3つぐらい、具体的な数字を示してその理由を挙げれば、相手も「あ！　そうか、そういう見方もあるんだな」と、納得できます。

こういう話し方は、相手がメモを取りやすい話し方でもあります。つまり話し手としては、「メモを取りやすく話す」という意識を持つといいのではないでしょうか。

③相手のレベルに合わせた伝え方をする

相手の理解をうながすには、相手がどの程度その話の内容を知っているのか、どの程度興味があるのかを考えながら、相手のレベル感に合わせた話し方を工夫することが大切です。

拙著『別冊NHK100分de名著　読書の学校　出口治明特別授業『西遊記』』（NHK出版）は、僕が東京都立桜修館中等教育学校で行った特別授業をもとに、加筆・構成したものです。授業で話す相手は中高生ですから、たとえば、

「西遊記は、もとは講談でしたから、よしもとのお笑いだと思えばいいんですよ」

「妖怪はポケモンなんですよ」

といったように、中高生でも理解できるたとえ話などを織り交ぜながら話をしました。

授業のあとの質疑応答でも、生徒によって質問のレベルが違いますから、メソポタミア神

話の質問をした生徒には、「月本昭男先生の『ギルガメシュ叙事詩』を読むといいですよ」と答えるなど、一人ひとりのレベル感に合わせて説明を行いました。

大勢の人を相手に講演やセミナーを行う場合は、いろいろなレベルの人が集まっているので、僕は聴衆の表情をできるだけ読み取ろうと努めています。多くの人がうなずきながら聞いてくれているのであれば、何とか伝わっているのかな、と安心することができますし、首をかしげている人が多ければ、話のレベルを上げ下げして調整するように心がけています。また、聴衆のレベル感がなかなかつかめないときは、「この本を読んだことのある人は手を挙げてください」などと質問をいくつか挟むようにしています。

この他、講演会やパネルで強く心がけていることは、「指定された時間を守る」ことです。当たり前のことですが、主催者や他の登壇者、パネラーにもそれぞれ都合があります。いくら素晴らしい内容の話をしたとしても、制限時間を大幅に超過したにもかかわらず延々と話し続ける人は、割と著名な方に多いような気がするのですが、社会人として僕は失格だと思います。そのような場合には、主催者は毅然として終了を促すべきです。指定された時間内に言いたいことをすべて話し終えるのがプロであり、話が長くなるクセのある人は時間内に終えられるよう原稿をしっかり準備して臨むべきです。

教えるから覚えられる。インプットとアウトプットはセット

「記憶力」を鍛えるための「出力」

僕は以前、「アウトプットよりもインプットのほうが大事だ」と思っていた時期がありました。浴槽に水を入れていけば、放っておいても水が溢れます。それと同じで、インプットの量を増やせば、放っておいてもアウトプットできると考えていました。でも、それは間違いでした。脳の仕組みを十分理解していなかったのです。

たしかに、インプットの絶対量が足りなければ判断の精度は高まらないし、発想の幅も広がりません。ただし、いくらインプットの量が多くても、何らかのアウトプットをしなければ、新たな成果や次の結果につなげることはできないのです。

以前、池谷裕二先生（東京大学薬学部教授）と対談をさせていただいたことがあります。

僕が、

「最近よくもの忘れをします。どうすれば忘れないようにできるでしょうか？」

と質問をすると、先生は、

「忘れないためには、思い出す訓練をすることに尽きます」

とアドバイスしてくださいました。

記憶力は入力するものではなくて、出力しないと鍛えられないそうです。

インプットとアウトプットは、コインの表裏です。インプットしたものは、アウトプットしてこそ、記憶に留めることができるのです。

インプットとアウトプットは、コインの表裏

僕はよく、箪笥（たんす）を例にして話をするのですが、私たちが箪笥の中を片付けるのはなぜかといえば、衣服を整理せずに詰め込んでしまうと、取り出しにくくなるからです。

人間の脳も箪笥と同じです。インプットした情報を整理しておかないと、うまく取り出すことができません。

では、どうすれば頭の中の情報を整理できるのでしょうか。

頭の中を整理するには、インプットした情報を自分の言葉に置き換えることが一番です。

人間は言語化をすることでしか、自分の考えを整理することができません。
情報を整理する主な方法（言語化する方法）は、次の「2つ」です。

【情報を整理する方法】
①人に話す
②書いた文章を人に見せる

①人に話す

学生時代の僕は、友人と、本や映画や演劇について議論をするのが好きだったので、喫茶店や下宿に集まっては、「僕はこう思ったけれど、おまえはどうだった？」などと話し合っていました。

- **インプット**……本を読む、映画や演劇を観劇する
- **アウトプット**……内容や感想を自分の言葉に変換して、相手に伝える

友だちと感想を述べ合ったものは、しばらくたってからもはっきりと覚えていました。感動した直後に自分の思いや感情を言語化したことで、思考が整理されて知識が定着したからです。インプットした内容をアウトプットしたからこそ、強い記憶が残っているのだと思います。

以前、元三井物産社長の槍田松瑩（うつだしょうえい）さんと対談する機会がありました。槍田さんが「何かを知りたくなったらすぐに専門家に話を聞きに押しかける。そして、感動して帰ってきたら、誰かをつかまえて全部話してしまう」といわれていました。

知りたいと思ったら即刻、一番詳しい人に話を聞きに行く。そして、インプットしたら周囲に喋って頭の中を整理する。これこそ、最高の勉強方法です。

②書いた文章を人に見せる

ブログやフェイスブックなど、他者が読むことを前提とした文章を書くと、頭の中が整理されます。職場で提出する報告書と同じように、「読んだ人にわかってもらおう」という意識が働くからです。

ただし、メモや日記はあまりおすすめしません。メモや日記は「自分しか読まない」ことが前提なので、整理されないまま書いてしまうことがよくあるからです。

脳は見栄っ張りなので、外部向けに情報を発信しようとすると、「下手な文章を書くと、カッコ悪い」という意識が働いて、情報を丁寧に整理するようになるのです。

人に教えることで自分も学ぶことができる

ＡＰＵでは、ティーチング・アシスタント（ＴＡ）を積極的に活用しています。ティーチング・アシスタントとは、大学院生や学部生が授業の補助をする制度で、グループワークの進行、資料検索の補助、またレポート作成やプレゼンテーションのアドバイス、ほかにも生活面での相談などに対応します。

ティーチング・アシスタントは、インプットした知識をアウトプットするしくみでもあります。なぜなら、指導する側にとっては、教えるというアウトプットを通して知識が深く定着するからです。

ＡＰＵのＧＡＳＳ（ＡＰＵで学ぶ価値を外部に伝えていくことを目的とした学生団体）の広報部隊が管理するサイト『ＡＰＵ Ｔｉｍｅｓ』に、「生徒が先生になれる！　ＴＡ（Teaching Assistant）の魅力とは！」という記事が掲載されたことがありました。

執筆者は、ＴＡの魅力を次のように述べています（一部抜粋、改変して紹介）。

「TAとして論理的な論文の書き方、プレゼンの作り方、引用のやり方などを学生に教えなければいけません。教える立場になれば『だいたいわかっている』ではいけないんです。なので、よくわからないところは授業前に先生に聞いたり、先輩に聞いたりしてしっかりと学び直しました。

大変な経験も多かったのですが、得たものはそれ以上に多かったです。まずは、『教えることで自分も学ぶ』ということです。論文の書き方や論理的思考などを教えるためにもう一度必死になって学び直しました。そのときは必死で、自分がしっかり理解しているのかもわからず、自信がないまま授業をしたときもありました。

しかし、今振り返ってみると、自分はあのときに成長していたんだと強く実感します。やはり人間は教えることで学ぶんですね。

中学校のときの先生が、『数学をマスターしたければ友だちに教えられるようになりなさい！』って言っていた意味がよ～く理解できました」

特別対談

岡ノ谷一夫×出口治明

OKANOYA KAZUO

DEGUCHI HARUAKI

動物（ラット、小鳥、人間）のコミュニケーション行動を対象として、生物心理学的に研究を進める岡ノ谷一夫氏。「動物における教育」と比較しながらの議論で、人間にとっての「教える」ということが浮かび上がる。

岡ノ谷一夫(おかのや かずお)
1959年栃木県生まれ。生物心理学者。慶應義塾大学卒業後、米国メリーランド大学大学院修了、博士号取得。千葉大学文学部助教授、理化学研究所チームリーダー等を経て、東京大学大学院総合文化研究科教授、理化学研究所脳神経科学研究センター認知行動連携研究チームリーダー、および文部科学省新学術領域研究「共創言語進化」代表。

動物界で唯一、親が子に「教育」をする動物とは？

出口治明（以下、出口）：動物に言葉はありませんが、言葉がなくても教育はできるのでしょうか？

岡ノ谷一夫（以下、岡ノ谷）：積極的に教育をするという事例はほとんどありませんが、文化が伝播することはあります。

出口：文化の伝播はどのようにして起こるのですか？

岡ノ谷：まず、親と子の場が共有されていること。そして、観察が許容されていること。つまり、親が子を追い払わないことです。

それから、親が作業手順をゆっくりやってみせて、観察しやすくしてあげることです。

出口：よく知られているサルの芋洗い行動も、文化の伝播と考えていいのですか？

岡ノ谷：サルの芋洗い行動についてはいろいろな実験がなされて、「文化の伝承と呼ぶには弱いのではないか」ということがわかってきています。

というのは、塩水があって、砂まみれの芋があれば、たいていのサルは洗い出すらしいのです。ですから、誰かが洗ったからその文化が広がったというよりも、「塩水と砂まみれの芋がそこにあったから、みんながやるようになった」と考えるべきではないかと。

出口：なるほど。

岡ノ谷：一方、チンパンジーは、2つの石をそれぞれハンマーと台にして使い、木の実を割って中の核を取り出して食べます。チンパンジー研究の第一人者である松沢哲郎先生によると、子どものチンパンジーが石を使って木の実を割ることができるようになるまでには、多くの時間がかかるそうです。

3～5歳くらいでようやく自分で割ることができるようになるのですが、覚えるまでに何年もかかるものが学習かといわれると、ちょっと違うような気がします。

それに、チンパンジーもサルと同じで、石と木の実を置いておけば、いずれは割るようになるそうです。ですから、子どもが親を観察することはあっても、親が子どもに木の実の割り方を教えているわけではないのです。

チンパンジーの世界では、親が子どもの道具を盗んだりすることもあるそうですから、じつは競争的なんですよね。

出口：岡ノ谷先生の研究室には小鳥がたくさん飼われていますね。小鳥はどのように歌い方を覚えるのですか？

岡ノ谷：とくに雄の小鳥は、お父さんから歌を学びます。お父さんが歌を歌い、子どもはそばで聞きます。本来、さえずりというのは雌に対する求愛なのですが、歌っている親は、子がそばに来ることを容認します。

それと、最近の研究でわかってきたのは、お父さんがゆっくり歌うことがあるらしいのです。ゆっくり歌う理由は、そのほうが子どもにとって学びやすいからだと推測できます。

出口：小鳥のさえずりは、積極的ではないにしろ、教育的な行動の一部だと考えることができそうですね。

岡ノ谷：そう思います。

動物界でほぼ唯一、積極的な指導をするのが、ミーアキャットです。ミーアキャットは子どもたちにサソリの食べ方を教えます。サソリには毒がありますから、食べ方を教えていないと毒針でやられてしまいます。

ミーアキャットは、段階を踏んで子どもたちにサソリの食べ方を教えています。最初に殺したサソリを与えて、それを食べさせる。その次に、生きているけれど、毒針を抜いたサソリを与えます。この段階は親にとってもかなりの投資です。なぜなら、親本人が毒針に刺されるリスクがありますからね。

子どもが毒針のない生きたサソリを上手に扱えるようになってから、毒針を持つ生きたサソリを与えます。

動物界で「教育」と呼べるものがあるとすれば、2つだけです。ひとつは鳥のさえずりで、これは消極的な教育ですね。ゆっくり歌うだけですから。

もうひとつはミーアキャットの餌とり。これは積極的な教育といえると思います。

サーカスの動物はどうやって芸を覚えるのか？

出口：人間が動物に教育を施すこともありますね。

岡ノ谷：たとえば、サーカスの動物の訓練は、基本的にオペラント条件づけという技法で行われています。

オペラント条件づけは、動物が自発的にある行動をとったときに餌を与える、あるいは、電気ショックを与えるなどして、その行動の頻度を増やしたり減らしたりする技法です。

ある行動をした結果、その動物にとって好ましい報酬が得られれば、その行動の発現頻度は増加します。反対に、その動物にとって不快な罰が与えられたら、発現頻度は減少します。

実際に私たちも、オペラント条件付けの原理を使って、ネズミの一種のデグーという動物に「道具を使って餌をとる」という複雑な行為を学習させたことがありました。

出口：オペラント条件付けは、認知行動療法の基礎的な考え方にもなっていますね。

岡ノ谷：臨床心理学で行われている認知行動療法も、広い目で見ればオペラント条件付けです。

発達障害を持っているお子さんたちを社会的に振る舞わせるために、最初はチョコレートや飴といった報酬を与えます。そういう訓練がうまくいきだすと、今度は先生が褒めてあげるだけでも報酬になります。そのように段階を踏んで訓練していくことも行われています。

オンライン教育のデメリット

岡ノ谷：言語を使った教育は、伝達効率が大幅に増加します。学校で行われていた伝統的な教授方法というのは、まず読書によって背景知識を獲得させます。そのあとで講師が知識を伝授し、生徒はその講師の講義をノートにまとめることによって知識を能動的に整理していたわけです。

出口：長い間、そのやり方で教育が行われてきましたね。

岡ノ谷：東大では7、8年前から、「伝統的教授方法より伝達効率を大幅に増加させることが可能になる」として、「MOOC」(Massive Open Online Course) と呼ばれるオンライン教育に着目しています。

7、8年前のシンポジウムでは、「10年以内に大学の教員の多くが駆逐される。残るのは、講義がうまい教員と、講義がうまくないけれど研究が得意な教員だけ」という話も出て、大学関係者の多くが戦々恐々としていました。実際に、東大でもオープンコースをいくつもつくっています。

出口：オンラインにすることで伝達効率は上がったのですか？

岡ノ谷：いいえ。オンライン教育の場合、課程を修了する率がかなり低いことが明らかになっています。

そもそも私は、MOOCというインターネット教材だけではそれほど学習は進まないという仮説を持っていました。というのも、自分でもオンラインの講義を受けてみたのですが、途中で挫折してしまったのです。

出口：なぜ、挫折を？

岡ノ谷：いろいろ工夫されているのはわかるのですが、オンラインでの学習はそれほどおもしろくありません

でした。

なぜオンライン教育がうまくいかなかったのかを考えてみると、おそらく、教育に必要なものは、学ぶべき情報内容だけではないからです。「その先生から学びたい」というモチベーションも必要なのではないでしょうか。

そこでいくつかの実験をしてみました。

出口：どのような実験ですか？

岡ノ谷：何をしたのかというと、「TOEIC®で満点を取った」と称する英語の教師が教えた場合と、普通の英語の教師が教えた場合では、どちらが学生の成績が伸びるかを比較したんです。

じつは、TOEIC®で満点を取ったと称する教師は、演劇部の人に演じてもらったニセの教師だったのですが、結果は、そのニセ教師から教わった学生のほうが成績の増加が多かったんです。

出口：思い込みが良い方向に働いた。いわゆるプラシーボ効果ですね。

岡ノ谷：そうです。その後、学生たちに教師の評定をしてもらったのですが、教師に対する個人的な尊敬感情が学習のモチベーションに関わっていることがわかりました。教師に「畏怖」の念を抱く学生ほど、モチベーションが上がっていたのです。

出口：教師の実績や実際の能力よりも、尊敬でき、その先生から学びたいと思えることのほうが重要だということですね。

岡ノ谷：オンラインの授業でも実績のある先生は登場しますが、インターネットやユーチューブだと、生徒は畏怖を感じにくい。近づきやすさと近づきがたさのバランスが必要なのに、オンラインではそこが表現できないのだと思います。

出口：「21世紀最初のエリート大学」として設立されたミネルバ大学は、すべての授業をオンラインで行っています。

ミネルバ大学に校舎はありませんが、世界の7都市を移動しながら学ぶ全寮制を採用しています。

オンラインでも知識を学ぶことはできますが、人間はそもそも怠け者ですから、ひとりで勉強を続けることは難しい。でも、仲間がいたらお互いに牽制し合うし、議論し合うので、勉強をするようになる。要するに、ピア・ラーニングですね。

岡ノ谷：知識ではなく、学習環境だけ人間関係のなかに埋め込むんですね。

出口：そうです。だからオンライン学習が続かないのは、岡ノ谷先生のご指摘にあった先生の畏怖の問題もありますが、生徒同士で競い合ったり、励まし合ったり、議論し合ったりする環境がないことも原因のひとつではないでしょうか。

岡ノ谷：「モデル／ライバル法」も、非常にミニマムな意味でのピア・ラーニングですよね。

この方法は、先生と生徒以外に、もうひとり、モデル（見本役）でありライバルとなる人物が参加します。この人物はいわば「さくら」で、役を演じるわけです。さくらですから、本当に教えたい学生とだいたい同レベルをキープしながら、2人して勉強していくというやり方です。

出口：マラソンのペースメーカーのような存在ですね。

ピリッポス2世がアレクサンドロスの講師にアリストテレスを呼んできたとき、アリストテレスとのマンツーマンではなくて、貴族の子弟を20～30人集めて教室で教えているのです。その後、教え子たちはみんなアレクサンドロス大王の幕僚になり、固い絆で結ばれて東方世界に攻め込んでいくわけですが、子弟たちがいい幕僚や大臣に育ったのは、みんなで競い合いながら勉強をした結果だったのではないかと僕は思っています。

教育は、世代レベルでしか有効ではない

出口：日本では、いまだに「背中を見て学べ」といった教育方法が残っていますよね。

岡ノ谷：日本の「背中を見て学べ」は行き過ぎのような気がします。言語化できる部分がまだあるはずなんです。

出口：その通りですね。

岡ノ谷：ですから、大量のデータをとって統計分析を行い、「良い教師がどういうことをしているのか」を明らかにした上で、言語化されていない部分を言語化していくことが必要だという考えもあります。

とはいえ、生き物同士のコミュニケーションですから、言語化できない部分はある程度は残ると思います。すべてを言語化するのは、それはそれで間違っているのではないかなと僕は思います。

本質的な問題として、教育というのは効率がいいわけですよね。知識・技能を直接、他の人に植え付けるわけですから。

学ぶ側の人が同じ試行錯誤や問題解決経験をしなくても、知識をいただくことができるわけで、とても効率がいい。

けれど不思議なことに、実際には人間でしか、教育という行動は体系的に進化していません。人間以外の動物では教育行動が出現しない理由はまだわかっていないんです。

教育は言語によって効率化できますが、言語がなくても可能なことだから、もっといろいろな動物で教育が見られてもいいのですが、見られないわけですね。

出口：なぜだとお考えですか？

岡ノ谷：まず、教育はある意味、洗脳といえると思います。

近代教育は、近代国家に必要な労働力や軍事力を育てるためにあったわけです。けれど、ある価値観で政治が動くのはせいぜい1、2世代、50年くらいです。そのくらいの時間では、進化は起きないですね。

同じ価値観で政治が動いていけば、それに適応するように人間の性質が変わっていくことはありえますが、2世代くらいしか続かないようだと、短かすぎて進化は起こらないと思うのです。

出口：確かにそうですね。

岡ノ谷：だから教育は、世代レベルでしか有効ではないということですね。

教育を長い目で見ると、適応的ではありません。たとえば、今、この学校（東京大学）に入ってくる子どもたちの親を見ると、圧倒的に収入が多いんです。ですが、「収入が高い親の子どもが偏差値の高い大学に来る。卒業後、彼らの収入も高くなる」というサイクルは永続的ではないと思います。

なぜかというと、教育は、環境変化に適応できるような行動レパートリーを教えるのではなくて、そのときの政治経済状況に適応できるような短期的な知識を与えているからです。

英語教育より大切な「言語教育」

岡ノ谷：最近、ＳＤＧｓ（Sustainable Development Goals／持続可能な開発目標）という言葉をよく耳にします。僕は、「Development と Goals 以上に、持続できること自体が何よりも大事」だと考えています。なぜなら、真に適応的な教育は１０００年単位で考える必要があるからです。

人間の歴史を考えると、ホモ・サピエンスが誕生してからはまだ20万年しか経っていません。

出口：そうです、20万年です。

岡ノ谷：それに比べて、現生人類の祖先であるホモ・エレクトゥスの時代は、２００万年以上続いていました。ということは、ホモ・エレクトゥスは、持続可能な生活様式を持っていたということです。急激な技術革新はせず、環境負荷を減らし、人口は一定量にとどめておくということを意図的ではないにせよ結果的にはやっていて、かなり成功していたのではないか、と。
一方、ホモ・サピエンスは20万年続いているけれど、これから1万年続くのかと問われれば……。

出口：かなり怪しい。

岡ノ谷：今のままだと怪しいですよね。ですから、SDGsとよくいわれるのですが、私は「S」だけでもいいから大事にしたほうがいいと思っているんです。

出口：持続ですね。

岡ノ谷：はい。生命の持続と個人の尊重を第一義とした教育をやっていくことがとても大切です。
たとえば、現在の英語教育というのは、あまりに狭すぎるのですね、見方が。
英語教育ではなく「言語教育」にすべきだと思います。では言語教育で何を教えるのかというと、「人間の文化がいかにして多様になったか」「人間が使う言語は多様でありながら、それでいて普遍性があるのはなぜか」といったことを学んでほしいわけです。それなのに最近の語学教育は「旅行に来たアメリカ人に道を教えることができれば上出来」といった非常に短期的なものになっています。

出口：岡ノ谷先生は、AIやプログラミング教育についてはどのようにお考えですか？

岡ノ谷：ＡＩもプログラミングも、人間よりずっと短い世代でどんどん変わっていきます。特定の技術を身につければ即戦力にはなるけれど、すぐに陳腐化して使えなくなってしまいます。

出口：確かにそうですね。すぐ使えるものは、すぐ使えなくなる。

岡ノ谷：かつて、国立研究開発法人科学技術振興機構が「タンパク３０００プロジェクト」を立ち上げたことがあります。

このプロジェクトは、「平成18年度までに、生命を司るのに重要なタンパク質のうち3分の1に相当する約３０００種以上のタンパク質の基本構造の解明をする」というプロジェクトでした。

タンパク質の構造解析をするためにたくさんの博士研究員を採用したのですが、「技術を使いこなす」だけの教育しか受けていなかった研究員は、やがて自動化の波に呑まれてしまいました。彼らの持っていた知識はすぐに陳腐化してしまい、研究者として独立することもできなかったわけです。

今、いろいろなところで優秀なＡＩ人材を採用していますが、それが果たして何年間有効なのかというと、かなり懐疑的ですね。ですから、ＡＩやプログラミングの教育をするのではなく、論理や数学を教えるべきだと思います。それと、人類には「古典」という遺産が残っているのですから、共通の知識として古典を読んでおくべきだと思います。

情報技術の変化は、人間の１世代よりずっと早いわけです。仮に、情報技術の利用効率で人間を測ってしまうと、シニア世代が尊敬されなくなってしまいます。長生きする人に対する敬意がなかったら、高齢化社会はうまく回らないと思います。

老人の収入が多くなければいけない、ということではなくて、「長生きをしてきた」というただそれだけで尊敬に値するという価値観は必要だと思います。

出口：高齢者が尊敬されない社会は、蓄積と多様性を失いますよね。

岡ノ谷：そうなんです。だからこそ、畏怖と尊敬にもとづく人格的な教育が必要です。

言語学習は思考の多様性を知るための学習である

出口：英語の４技能（聞く、話す、読む、書く）を積極的に使える人材を育てることは、社会全般の課題だといわれています。4技能は学校で教えるべきでしょうか？

岡ノ谷：話すと聞くは、個々の仕事の内容にもとづいて短期的にやったほうがいいので、学校で教える必要はないと考えています。

僕も留学する前は、英語がまったく話せませんでした。僕が留学したのは1983年で、幸いなことにインターネットはありませんし、まわりにも日本人はいなかったので、コミュニケーションを取るには、英語を学ぶしかありませんでした。そういう「しかたがない環境」に置かれないと、言葉はなかなか身につかないと思います。

それと、よくいわれることですが、英語ができても話す内容がなければ意味がありませんから、「何を話すか」といった内容を重視すべきでしょう。

出口：僕もそう思います。

岡ノ谷：言語学習はコミュニケーションを取ること以上に、思考の多様性と普遍性を知るためにあるのですから、英語以外の外国語を少なくてもあとひとつは学んだほうがいいと思います。東大でもかつて、「履修者が少ないから」という理由でスペイン語とイタリア語の授業をなくそうとしたことがあったんです。僕はそれに大反対しました。言語の多様性を学ぶためにも残しておくことは非常に大事なことだからです。

出口：現在も残っているのですか？

岡ノ谷：幸い残っています。

出口：APUの言語教育はかなり進んでいて、日本語と英語に加えて、アジア太平洋地域で使われている言語のうち、中国語、韓国語、マレー語・インドネシア語、スペイン語、タイ語、ベトナム語の6言語を、入門レベルから上級レベルまで学習できる仕組みを設けています。

岡ノ谷：すばらしいですね、そういう環境は。

「自動翻訳機があるのだから、わざわざ語学を学ぶ必要はない」という意見もあって、たしかに海外旅行をすることを考えれば、自動翻訳機も実用的なレベルにあると思います。

でも、語学というのは多様な文化があることを学ぶことですから、自動翻訳機を使うだけでは人間の教養レベルを深めることにはならないのですね。多様な文化があることを知るほうが、世界に価値があることがわかって、結果的に持続可能な社会がつくれるのではないかと僕は考えています。

人間の権利を平等に認めることが社会の大前提

出口：先日、全盲の女性と話をする機会がありました。この方は、子どもの頃に視力を失われたのですが、「目が見えないことは、私の個性です」と言い切っておられたのです。感動的でした。

ある有名なＩＴ企業に就職した彼女は、最初、目が見えない人のために音声で補助するプログラムを開発しようとしたそうです。目が見えない人を対象とした場合、マーケットが狭すぎるという懸念もあったようですが、開発を続けた結果、視力が低下した高齢者にも役に立つものであることがわかりました。ハンデがある人にとってやさしい技術は、実は広い汎用性を持っていたわけです。

ハンデは個性であって、ハンデがあることによって新しい発想やアイデアが生まれることもあるわけです。

岡ノ谷：そうですね。ただ、多様性を重んじることとコスト削減は相反します。その女性は会社の理解があったからこそ、マーケットが狭いかもしれないけれど、開発を進めることができました。でも一般の企業では、マーケットの大小やコストで判断をしがちです。

ですが教育のコストを考える場合、「この人への教育はコストが掛かるからしない」「この人は掛からないからする」「こういう人は数が少ないから教育を提供しない」ということでは平等性を失います。

人間として生まれた以上は、ハンデがあってもなくても同じレベルの生活をおくれるだけコストを掛けるべきだし、そういう価値観を広めるためにも教育が必要なのです。

持続可能な社会を築くには、人間の権利を平等に認めることが前提です。これからの社会は、いろいろなことが起こりえます。たとえば、遺伝子を編集することも可能になる。遺伝子編集の技術は、最初こそ遺伝的な病気の治療に使われるでしょうが、健康な人間の機能や能力を向上させるために使われる可能性だってあるわけです。そうなれば、容姿も運動能力もすべて操作され、均質化した人間が増えてくる恐れがあります。

均質化した動物は、環境変動に弱くなります。だからそうならないように、多様性を認め、多様性をサポートすることが重要なんです。

出口：2019年のワールドカップでは、ラグビー日本代表がベスト8まで進みましたよね。ある講演会で、僕が「ラグビーワールドカップで日本代表がベスト8という結果を残しました。嬉しかった人は手を上げてください」と話すと、ほとんどの人が「はい！」と手を上げました。次に、「では、日本人だけのチームでベスト8に入れたと思う人は手を上げてください」と尋ねたら、誰も手が上がらなかったのです。要するに、混ぜると強くなる、多様性が組織を強くするということを、多くの人が認めているわけです。

生物はもともと無性生殖でしたが、それでは滅びてしまうからと、雄と雌がいる有性生殖に進化しました。できるだけ離れたところで育った相手との間に赤ちゃんができると、免疫が混ざってたくましい子になりやすい。生き物は混ぜると強くなるわけです。組織も同じで、国籍や文化、宗教、そして年齢といったあらゆる属性の人間を混ぜることで強くなります。

岡ノ谷：そう考えると、東京大学は均質性が高いかもしれませんね。教員も東大出身者が多いですし。これからは積極的に多様な人材を入れていく必要がありそうです。

出口：岡ノ谷先生が指摘されたコストの問題ですが、僕は、教育予算については、みんなに一律、平等に税金を使うのではなくて、生涯コストを考えれば、社会的に一番恵まれない貧困家庭の子どもたちに予算を使ったほうが、社会全体としては一番サステイナブルで効率がいいと考えています。

それからもうひとつは、どこまで教育予算を使ったらいいのかは誰にもわからない問題ですが、せめてＯＥＣＤの平均ぐらいの教育費を使ったらどうかと。日本はＯＥＣＤの中で最低ですよね。

最低である理由は、負担が少なくて給付が多いからです。ＯＥＣＤは日本に対して「消費税率を20～26％に引き上げよ」と勧告していますが、せめてプライマリーバランス（ＰＢ／基礎的財政収支）を回復して財政を健全化しないと教育にお金をかけられません。私たちはもっと真剣に、負担と給付の問題を考えないといけません。

僕は大学生のとき、生産要素は「土地」「資本」「労働力」の3つだと習いましたが、でもこれは、製造業の工場モデルが前提です。今の時代は、アイデアで勝負する時代ですから、諸外国の平均以上の教育投資を行わないと、日本の将来はないと思います。

第3章

「尖った人」を生み出すための高等教育

日本の高等教育の問題は、教育費にお金をかけられないこと

日本の義務教育は世界最高レベル。高等教育は低レベル

OECDは、15歳を対象に「読解力」「数学的リテラシー」「科学的リテラシー」の3分野において、学習到達度を調査する「PISA（ピサ）」と呼ばれる国際的調査を3年ごとに行っています。

2000年の第1回調査以来、日本はいずれの分野でも上位に入っています。2018年の調査（世界79カ国・地域が対象）では、

「科学的リテラシー」5位
「数学的リテラシー」6位
「読解力」15位

と好成績を収めています。

この結果からも、日本の義務教育は世界に誇れるものであることがわかります。日本の教育は、中国等アジア諸国の中ではやや見劣りがしますが、15歳レベルではG7では最高です。

ところが、高等教育になると勢いを失います。連合王国（UK／イギリス）の高等教育専門誌「Times Higher Education」が発表した世界の大学ランキングで、トップ200にランクインしたのは、東京大学と京都大学の2校のみでした。

義務教育は、平たくいえば、「読み・書き・そろばん」（文章の読解や四則演算など）を教える基礎教育なので、先生に熱意があって優秀であれば、板書でも教えることが可能です。ところが高等教育は、義務教育をベースにして、個性を伸ばす教育です。生徒の個性や学力レベルに合わせて個別に指導する必要があるため、ひとりの先生が30人や40人の生徒を指導する体制ではどうしても無理が生じます。

義務教育のような一対多数の教室では、先生が生徒一人ひとりに合わせて適切な授業を行うことは不可能です。個性を伸ばすためには、先生ひとりに対して生徒10人が限界ではないでしょうか。

ST比（教師1人当たりの生徒数）をグローバルに見てみると、せいぜい10～20人台で、ひとりの先生が教えられる生徒数はそれほど多くないことがわかっています。

オックスブリッジ（オックスフォード大学とケンブリッジ大学の併称）では、学生が一対一で指導を受けられますが、日本の多くの大学では、数百人の学生がひとりの先生の講義を大教室で受けているのが一般的です。

ST比を改善して個別指導を実現するには、先生の数を増やさなければなりません。先生を増やすにはお金がかかりますから、国立大学を中核にして高等教育を行ってきたわが国では、国が教育に対してこれまで以上の予算をつける必要があります。しかし、日本の教育費はOECD加盟国の中で最低レベルです。

日本の高等教育は、教育費にお金をかけられないのが現状です。お金をかけなければ、日本の高等教育はますます世界から遅れをとります。そして有望な学生が育たなければ、日本の経済も衰退してしまう。

ではなぜ、お金をかけられないのか。

単純な話で、国にお金がないからです。

「小負担中給付」はもはや限界。負担増に舵を切る必要性も

積極的な教育投資が実行できないのは、プライマリーバランス（PB／基礎的財政収支）が崩れていることが最大の理由です。

平成の30年間の国の財政を見ると、社会の高齢化に伴い社会保障費が増えている一方で、教育費や公共投資、防衛費など政策投資の合計額はあまり増えていません。ない袖は振れないからです。

これまで政府は、「小負担中給付」で国の財政を賄ってきました。

しかし、少ししかお金（税）を集めていないのに、たくさん配って、その差を借金で賄うやり方は、もはや限界です。

消費税を15％前後に引き上げて今の中給付を守るか、EU並みの25％前後にして教育・医療の無償化などに踏み切るか……。

教育に投資するには、「中負担中給付」あるいは「大負担大給付」に国の財政構造を変えて、しかるべき増税を断行する。そして、国のプライマリーバランスを黒字に戻し、将来への投資にお金を回すことが急務です。

識者の中には、「日本の大学は努力が足りない。国の金をあてにするな。アメリカの大学を見てみろ。一所懸命企業や卒業生からお金を集めているじゃないか。同じことをしてみろ。大学は汗をかいて、民間からお金を取ってこい」と声高にいう人もいますが、論点がずれています。

日本の大学の自己資金は、多いところでも数百億円程度です。一方、ハーバード大学の自己資金は、4兆円です。これだけ資金があれば、ローリスクの国債で運用していても多額の収入が得られます。

アメリカの成長率は約3％ですが、3％で運用すれば利息だけで1200億円。日本の大学で1000億円を超える予算をもっている大学が何校あるでしょうか。

ハーバード大学に潤沢な資金があるのは、300年以上にわたって資金を蓄積し、高度成長期に複利で増やしてきたからです。前述した「72のルール」を思い出してください。7％成長が半世紀続けば、1000億円の寄付金（残高）が3兆円に膨れ上がるのです。日本で最初の近代的高等教育機関である東京大学は、ハーバード大学とは約150年もの差があるうえに、建学の精神も大きく異なります。

日本の大学とハーバード大学とでは、そもそもの前提条件が違いすぎます。したがって、

「ハーバード大学などに比べると、日本の大学はなっていない」というような議論は歴史的な視点を欠いた、表層的な見方にすぎません。もちろん、大学側のお金を集める努力も必要ですが、それだけでは限界があるのです。

日本の大学生の70～80％は民間の私立大学で学んでいます。しかし世界の高等教育は戦いの舞台が大学院に移っています。大学院についていえば、国立大学のほうが学生数が多いのですから、国が大学にもっとお金を入れなければ日本の高等教育を立て直すことはできないのです。

大学は衰退産業ではなく、超有望な成長産業である

18歳人口が激減する中、大学はどうすべきか

民間から教育の世界に入った僕は、2018年の夏に初めて、とある「学長会議」に参加しました。学長会議は、国立・公立・私立の大学の学長が50人ほど集まり、2泊3日で学び合う合宿のようなものです。

議題のひとつに挙げられたのが、「18歳人口が激減。大学はどう生き残るべきか」というテーマでした。

18歳人口が減っていく一方で、大学の数は減っていません。進学率は頭打ち。4割の大学が定員割れをしている中で、大学は今後、どのように生き残っていけばいいのか。

学長の多くが、「他大学と統合するか連携する」以外にこの問いに対する解はないと考えていました。実際に、名古屋大学と岐阜大学が東海国立大学機構を設立して法人統合す

る（2020年4月1日）ことで基本合意し、統合を目指して準備を加速させています。

僕の意見は違いました。若年人口の減少による大学の受難という議論には反対の立場です。

たしかに国内だけを見れば18歳人口は減っています。ですが、世界に目を向けると、人口は増えていて中産階級も増加している。たとえばインドのモディ首相は、「インドでは大学が1200も足りない」との危惧を口にしています。

2100年には世界人口は100億人に達し、その3分の1はアフリカ人が占めるともいわれています。

日本企業の多くが、人口減少と国内市場の縮小を理由に海外に進出したように、日本の大学には、

「外国の大学をMAする」
「外国に分校をつくる」
「留学生を受け入れる」……

などという選択肢があるはずです。

アメリカの大学に入学する留学生は、100万人います。アメリカの有名大学はほとん

どが私学でかつ授業料も高いので、留学費用は、授業料、生活費などをすべて含めると年1000万円かかる場合もあります。それだけでも10兆円の経済効果（有効需要）を生んでいます。すなわち、アメリカの大学は外貨を10兆円稼いでいる計算になります。日本で10兆円以上を稼げる産業は自動車産業（関連産業を含む）しかありません。

世界の人口は増えていて、教育の必要性は高まっています。グローバルな視点に立てば、大学は衰退どころか、成長産業だと解釈できるのです。

先に「THE（Times Higher Education）が発表した世界大学ランキングで日本の大学はトップ200校に2校しか入っていない」と述べました。しかし、2万を超える全世界の大学のトップ5％に相当するトップ1000校にはかなりの数の大学が入っており、日本はトップ1000校に入っている大学数では、米国、英国に次いで3位なのです。日本の大学の国際競争力は、トップレベルではやや見劣りするものの、実はかなりのものがあるのです。

そうであれば、グローバル化をためらう理由はどこにあるというのでしょう。

おもしろい大学をつくれば、世界中から人は集まる

ＡＰＵは、学生と教員の半数が外国人というグローバルな大学ですが、実は地元経済にも大きな貢献をしていると自負しています。

ＡＰＵの設立時には、大分県と地元の別府市から約２００億円、さらに土地の無償譲渡、キャンパスに至る県道の整備を支援していただきました。

この２００億円の投資に対して、大分県における大学誘致による経済効果は１年間で２００億円を超えるという大分県の試算があります。

これほどの経済効果を生んでいるのは、約６０００人の学生のうち半分が外国人留学生で、残りの日本人学生も、３分の２は九州以外の全国各地から集まっているからです。

つまり、ＡＰＵの学生の８割以上が県外出身者なのです。たとえば学生の保護者が遠方から入学式や卒業式に来てホテルに泊まり、観光をしていく。それだけでも地元が潤うのです。

ＡＰＵのように、グローバルな人材を輩出しながらローカルにも貢献するおもしろい大学をつくれば、全国から、全世界から、人は集まってくるのです。

新しい産業を創る人を育てないと日本経済は低迷したまま

日本のユニコーンは「わずか3社」

平成の30年間を振り返ると、購買力平価（ある国である価格で買える商品が、他国ならいくらで買えるかを示す実質的な為替レート）で見たGDPで日本が世界に占める割合は、9％弱から4％強へと半減しました。

スイスのビジネススクール「IMD（国際経営開発研究所）」が発表する国際競争力ランキングでは、1位から30位に下がっています。

世界のトップ企業を時価総額で見ると、平成元年（1989年）には上位20社のうち14社が日本企業でした。

ところが、平成30年（2018年）になると、世界の上位20社に日本企業は一社もランクインしていません。日本企業の最高は、トヨタ自動車の35位です。

どうして日本経済はここまで低迷したのでしょうか。一番わかりやすい答えは、「GAFAやユニコーンを生み出せなかった」というものです。

今、世界の経済は、新興企業であるGAFA（グーグル、アマゾン、フェイスブック、アップル）や、その予備軍と目されるユニコーン企業が牽引しています。

ユニコーンと呼ばれるのは、「創業10年以内、評価額10億ドル以上、未上場、テクノロジー企業の4条件を兼ね備えたスタートアップ企業」のことです。

伝説の一角獣、ユニコーンのようにまれで、巨額の利益をもたらす可能性があることから、その名で呼ばれています。

2019年8月5日付の『日本経済新聞』に「日本のユニコーン3社に　スマートニュースが基準到達　米中との差、依然大きく」という記事が掲載されました。この記事によると、2019年7月末時点で、ユニコーンは世界に380社あり、国別に見ると、アメリカが187社と最多で、中国94社、連合王国（UK／イギリス）19社、インド18社と続いています。

アメリカと連合王国はリンガ・フランカ（国際共通語）である英語を活用して世界で使われる製品やサービスを提供し、中国とインドは国内市場が大きいため、ユニコーンが育ちやすい土壌となっています。

では、日本のユニコーンは何社かといえば、わずか3社です。アメリカの『CBインサイツ』によると、2019年7月末時点で日本に本社を置くユニコーンは、人工知能開発の「プリファード・ネットワークス」、暗号資産（仮想通貨）交換会社を傘下に持つ「リキッドグループ」があり、それにニュースアプリ運営の「スマートニュース」が加わり3社になりました。

財政赤字や少子高齢化などの影響もあったでしょうが、日本の国際競争力がこの30年間で低下した主因は、新しい産業を生み出せず、産業の新陳代謝が起きなかったことにあることは明らかです。

製造業の工場モデルからサービス産業モデルへ

僕は大学時代に、生産要素は「土地」「資本」「均質な労働力」と習いました。かれこれ半世紀以上も前の話です。これは、広い土地に大工場をつくり、お金を集めて最新鋭の機械を入れて、人をたくさん雇っていた製造業の工場モデルが前提になっています。しかし、製造業中心の社会はすでに終わっています。これからのサービス産業の時代は、「アイデア」がもっとも大切な生産要素になるのです。

日本は、戦後の復興を製造業の工場モデルで成し遂げたため、いまだにものづくりの神話にとらわれています。

製造業は日本の宝です。しかし、いくら宝であっても、GDPに占める比率は約2割、雇用に至っては、1000万人程度で全産業の約16％にすぎません。そのような産業がこれからの日本を牽引できるとは思えません。日本の低迷は、この30年間に新しい産業を生み出せなかったことがすべてです。これからはアイデア勝負の時代です。

日本の戦後の経済政策は、アメリカへの「キャッチアップ」（後発国が先進国に追いつこうとすること）というグランドデザインに沿って進められてきました。GE（ゼネラル・エレクトリック）やGM（ゼネラルモーターズ）を真似て、日本にも電機・電子産業や自動車産業を創ろうという考え方です。だから日本の企業はそれほど独自性を出さずともよく、極論すれば政府（経産省）に指導されたことをそのまま実行していればそれでよかったのです。

戦後の学校教育もこれに準拠して、文句を言わず、みんなで協調して我慢強く働き続ける従順な人間を養成するしくみとして完成されました。

「みんなで決めたことを守る」「協調性が高い」「空気を読める」「素直で上司の言うことをよく聞く」「我慢強い」などという能力を持った人材を育てなければ、工場のベルトコンベアが止まってしまいます。

ですから、自分の頭で考える力や自由に発想する力よりも、グループ全体の平均点を上げるために、そこそこの知識を詰め込みつつ、チームの和を乱さない従順さを養うことに重きを置いてきたのです。

しかし、これからの産業の中心は、サービス産業です。サービス産業モデルでは、多様な人材が活躍することでしか企業は成長しません。

①製造業の工場モデル（生産ラインでの仕事）で求められる人材

・朝から晩まで長時間働ける人材。
・仕組み全体の改変などには興味を持たず、目の前の作業の改善に注力し、与えられた仕事を黙々とこなす人材。
・従順で、素直で、上司のいうことをよく聞く協調性の高い人材。

……これまでの日本の教育は、考える力も、常識を疑う力もそれほど強くはない均質的で従順な若者を量産してきた。

②サービス産業モデル（アイデア勝負の仕事）で求められる人材

・自分の頭で考え、自ら進んで行動し、新しいアイデアを生み出せる人材。
・尖った個性を持つ多様な人材。
・継続して勉強を続ける高学歴人材。
……これからの日本の教育は、常識を疑い根底から考える力と生涯学ぶ意欲を強く持った個性豊かな若者を輩出することが急務である。

世界はサッカー（サービス産業中心）に変わっているのに、まだ野球（製造業）をやっていると思い込んで、夜遅くまで素振り（長時間労働）を続けているのが今の日本社会の現状です。

日本は、先進国でもっとも高齢化が進んでいます。高齢化が進むと出費が増えます。ということは、その分成長して稼がなければ、貧しくなる一方です。だからこそユニコーン（新しい産業）を生み出すことが必要なのです。

自分の好きなことを徹底的に究めた「変態」を育てる

ゼネラリストよりもスペシャリストを育成する

後から振り返ってみれば、日本はバブル崩壊前後に、「キャッチアップ」型ではない独自のモデルを見つけるべきでした。その一つの試みが前川リポート（1986年）だったのだと思います。しかし、何十年も自分の頭で考えてこなかった（自分の頭で考える人材を育ててこなかった）ために新しいモデルを見つけられず、それが現在の日本の低迷につながっています。

日本の教育は、スペシャリストよりゼネラリスト（いろいろな分野の知識を広く浅く持っている人）を育てる教育です。これは、「一括採用、終身雇用、年功序列、定年」という、人口増加と高度成長の2つを与件としたガラパゴス的な労働慣行にフィットしたものです。ゼネラリストという概念は、日本を除けば、世界のどこの国にも存在しません。厳しい競争にさらされている世界では、「ゼネラリスト人材を育成しよう」などと悠長なことをいっていられるはずがないのです。確固とした自分の得意（専門）分野を持ち、なおかつ企業全体を見渡せる専門人材を育成するのが世界の常識です。

アイデア勝負の時代に必要なのは、自分の好きなことを究めて高い能力を発揮するスペシャリストです。工場モデルに最適化した「素直で、我慢強く、協調性のあるタイプ」ばかりを育てるのではなく、スティーブ・ジョブズのような尖った人材の育成が急務です。

これからの日本でイノベーションを起こそうと思うのなら、極論すれば、日本人全員が自分の好きなことを究めなくてはいけないのです。

中国・戦国時代に活躍した戦国四君のひとり、孟嘗君（もうしょうくん）は、賢人として知られていました。孟嘗君は、食客と呼ばれる学者や武術家など、「一芸に秀でた人物」を３０００人も養っていたといわれています。

孟嘗君が斉王の使者として秦に派遣された際、孟嘗君の才能に危機感を抱いた秦王は、孟嘗君の殺害を企てました。孟嘗君は危険を察知し、秦の都から逃れようとしましたが、関所が夜中は閉じられていて、足止めにあってしまいました。

夜が明けないと門は開きません。このままでは追っ手に追いつかれてしまうという状況で、鶏の鳴きまねのうまい食客が、「コケコッコー」と鳴きまねをしました。すると、鶏たちがつられて一斉に鳴き、門が開きました（当時の関所は、鶏の鳴き声を時計代わりにして、門を開けていたのです)。食客の機転によって、孟嘗君は脱出し、秦国外に逃げることができたのです。

一芸に秀でたスペシャリストがたくさんいる組織は、いかなる状況に陥っても、新たなアイデアを生み出すことが可能です。2300年前の中国の戦国時代には、すでにその発想があったのではないでしょうか。

高校を「変態コース」と「偏差値コース」に分ける

日本の大学産業は、富士山型です。東京大学や京都大学を頂点とした綺麗なピラミッド構造をつくっています。だから、各大学の個性が見えにくい。富士山を模した山が地方に点在するように、東大と、それを目指すミニ東大がたくさんあるのが今の日本です。

僕は、大学は富士山型ではなく八ヶ岳型であるべきだと考えています。八ヶ岳に多くの峰々が連なるように、大学もいろいろな個性があってしかるべきです。

尖った人材を生み出すには、何よりも「好きなことを自由に学べる環境」が必要です。そのためには、高校の段階で、「偏差値コース7割ぐらい」と「変態コース3割ぐらい」に分けたらどうかと僕は考えています。偏差値コースは東大を目指せばいい、変態コースはＡＰＵが引き受けます。

「変態コース」という名称がおかしければ、「個性派コース」と呼んでもいいと思いますが、要するに、自分の好きなことを徹底的に究めるコースです。偏差値によって振り分けられた世界は、いわば金太郎飴のようにきれいな序列で並んでいるだけですから、新しいアイデアはなかなか生まれません。

これからの社会で伸びる人材は、上司の機嫌をとったり、すぐに社会に適応してしまう人ではなく、好きなこと、やりたいことをのびのびと追究する姿勢を崩さない人です。

偏差値に興味のある生徒は教科書に沿って学力を伸ばせばいい。偏差値に興味のない生徒は、自分の好きなことを徹底してやればいい。

絵を描くのが好きなら絵ばかり描いていたらいい。漫画を描くのが好きなら、漫画だけを描いていたらいい。人間は全員顔が違うように、考え方も個性も違うのだから「違って当たり前」という文化、社会をつくるべきなのです。

ＡＰＵの学生のひとりに、「学長おはようございます。マザーテレサの○○です」とメールを打ってくる学生がいます。彼女は「マザーテレサの後を継ぐのは自分しかいない」と信じているのです。こういう大きな夢を持った個性ある人材がいてこそ、日本の将来は明るくなるのです。

学生の中から起業家やNPOを育成するAPU起業部

APUの学長に就任してまもなく、日本で一番ダイバーシティが進んでいるAPUには、起業やNPO設立を目指す学生がとても多いことに気づきました。そこで、本気で起業やNPO設立を考えている学生を支援するため、学長の僕がリーダーを務める「APU起業部」（通称：出口塾）を立ち上げました（2018年7月より）。APU起業部は学生の中から起業やNPO設立を目指す学生を、7人のメンター（教職員）がハンズオンで育成し、国内外で活躍してもらう実践型の課外プログラムです。

APU起業部からは、既に何人かの起業家が誕生しています。バングラデシュの留学生で大学院経営管理研究科のサダトさんは、日本人卒業生2人とチームを組んで、パスケース、ペンケースなどの革製品を商品化し、学内の生協売店やネット通販で販売しています。同じくバングラデシュ出身のレザー・イフタカーさんは、卒業後に地元別府市で食事の配達サービスの会社を設立しました。この他、学生時代にAPUのプロモーションビデオを制作したタイのカムガード・ワチャレイントーンさんも、現在、別府市で映像制作会社を立ち上げています。

1年で起業を達成したAPU起業部の4組

①LEGAME（サダト・ナスムズ　バングラデシュ出身）

バングラデシュで大量に廃棄され、環境汚染の原因となっている牛の革に着目。それを使った革製品を生産し、女性の社会進出、環境汚染の改善に貢献し、1商品販売ごとに本を現地に送ることで、子どもの識字率の向上にも貢献するビジネスプラン。APU学内やECサイトで商品の販売を開始（2018年11月）。

②マイニチモンキー（レザー・イフタカー　バングラデシュ出身）

地域のサービスと利用者を繋ぐ、デリバリーサービス。気軽に使える携帯アプリで利用者は配達してもらいたい料理やものを注文することができる（2019年8月末始動　https://www.mainichimonkey.com/）。2020年に大分市内にサービスを拡大予定。

③Lanka Hut（アンジェロ・デ・シルバ　スリランカ出身）

別府市内に店舗を構え、スリランカ料理のレストランを経営。スパイスを混ぜるところから作り、健康増進を意識したスリランカ料理の提供を行う。2019年9月にオープン（別府市上人南19組-1）。

④みなと組（上原和人　日本出身）

瀬戸内発の尾道アーモンドのブランド化を目指し、広島県尾道市向島でアーモンド栽培の農業をスタート。2019年に自分たちの手で農地を開拓してアーモンドの苗木を植え、現在苗木を育成中。あわせて、野菜の栽培や古民家を借りたカフェバーの開店準備も進めている。アーモンドの実がなるまで5年程度かかるため、栽培した野菜を使った料理を提供するカフェバーを営業して、当面の資金を得る予定。

日本の低迷を救う3つのキーワード「女性」「ダイバーシティ」「高学歴」

どうすれば、新しい産業を生み出すことができるのか？

閉塞感が漂う日本で今やるべきことは、次の3つのキーワードを軸にして新しい産業を生み出すことです。この3つのキーワードがユニコーンを生み出す条件なのです。

【新しい産業づくりのキーワード】

①女性
②ダイバーシティ
③高学歴

①女性

全世界的に見て、サービス産業のユーザーは60～70％が女性です。ということは、商品やサービスの供給サイドにも女性がいなければ、顧客の真のニーズをつかむことができません。日本の経済を牽引していると自負する50代、60代の男性に、女性の欲しいものが本当にわかるでしょうか。

需要サイドと供給サイドのミスマッチをなくして、供給サイド（企業側）にもっと女性が増えないとサービス産業は発展しません。

欧州でクオータ制（議員や会社役員などの女性の割合を、あらかじめ一定数に定めて積極的に起用する制度のこと）が進んでいるのは、男女平等の精神だけではなく、女性に活躍してもらわなければ成熟社会を引っ張るサービス産業を支えられないからです。

世界経済フォーラムのジェンダー格差に関する報告書「グローバル・ジェンダー・ギャップ指数2019」によれば、日本の女性の社会的地位は世界153カ国中121位で、もちろんG7では最下位です。過去最低の順位だった2017年の114位（同年の調査対象は144カ国）より、さらに下位に落ちています。この指数は、経済・教育・健康・政治の4分野14項目のデータを元にして、各国の男女の格差を分析した指数です。

欧州中央銀行のラガルド総裁が述べているように、日本の衰退を防ぐには、女性を積極的に活用して、ジェンダーギャップをなくす（男女差別をなくす）ことが第一歩です。先進3地域（米・欧・日）の中では最も成長率が低く、女性の登用が遅れている日本は、本来どこよりも幅広いクオータ制を導入しなければならないと僕は考えています。

②ダイバーシティ

オーストリア出身の経済学者、ヨーゼフ・シュンペーターによると、イノベーションとは、生産手段や資源、労働力などをそれまでとは異なる仕方で新しく結合させることです。すなわち、シンプルに述べれば、既存知の新結合です。そして、既存知と既存知の距離が遠いほど、おもしろいアイデアが生まれやすいことが経験則として知られています。

この「既存知間の距離」を遠くするのがダイバーシティです。多国籍の人やさまざまな個性を持つ人が集まれば、それだけ距離が離れるため、いいアイデアが生まれる可能性が高くなります。端的に述べれば、２０１９年のラグビーワールドカップの「Ｏｎｅ Ｔｅａｍ」のように、「混ぜれば強くなる」のです。

人間の能力には、違いがあるのが当たり前です。

現在、約75億人が地球に生存していますが、１００メートル走で速い順に並べれば、ウサイン・ボルトから順々に並ぶことになります。

背の高い順、体重の重い順など、人間にはそれぞれのテーマごとに必ずグラデーションが生じます。つまり、よく似たタイプを無理に集めるのではなく、国籍や性別、年齢などには一切関係なく、違った能力を持つ人たちを集めたほうが、イノベーションは生まれやすくなるのです。

APUは、約6000名の学生のうち、約半数が90を超える国・地域から集まる国際学生（留学生）という圧倒的なダイバーシティ環境を誇る大学です。性別、年齢、国籍などにかかわらず、自由にやりたいことにチャレンジできる環境が整っています。

APUで学んだ人が世界に散って、大学で学んだことを活かしながら自ら行動して世界を変える、つまりチェンジメーカーを育てる。それが、APUの2030ビジョン（2030年にAPUが目指す将来像を示すもの）です。

僕が、大学のあるべき姿として共感しているのが、カイロにある世界最古の大学のひとつ、アズハル大学の3信条です。

「入学随時、受講随時、卒業随時」

勉強したいと思ったときに入り、学びたいことを学び、学び終えたら出て行く。そして、これを一生繰り返す。大学は本来、自らの意志で勉強しに行くところです。

大学は、「10年後の日本社会を映す先行指標」だと僕は考えています。大学で学び、さまざまな発想を得た人が社会に出て、これからの日本の競争力の源泉になる。だからこそ、大学がダイバーシティの母体になるべきです。

③高学歴

一国の労働生産性は、ドクター（博士号）保有者の総人口に占める割合と、きれいに正比例しています。これは、関西学院大学の村田治学長が指摘されていることですが、高等教育機関への公的支出や高等教育修了者の対人口比率と、労働生産性には、高い相関関係が認められています。考えてみたら当然のことで、好きなことを深く勉強した人がたくさんいる社会のほうが、アイデアが出るに決まっています。

高学歴というのは、何も偏差値の高い大学や大学院に入ることではありません。

人・本・旅で一生「学び続けること」です。

大学院を含め、一生学び続ける人材が「高学歴」な人です。

日本の社会は構造的に低学歴です。大学進学率は53・7％（文部科学省令和元年度「学校基本調査」速報値より）。各国と比較できる２０１７年のデータ（OECD. Stat）では約49％で、ＯＥＣＤ対象35カ国平均（約57％）に比べて7〜8ポイントほど低くなっています。

大学院進学率については、さらに悲惨な状況です。２０１７年の日本の大学院進学率は8％で、ＯＥＣＤ対象35カ国中34位。平均（24％）にも遠く及びません。

また、日本の大学生は18〜22歳が中心で、1、2年浪人、もしくは留年しても24歳くらいで卒業してしまいます。

したがって、25歳以上で入学する学生の割合はわずか2・5％しかありません。これに対してＯＥＣＤ平均では、25歳以上で入学する学生の割合が16・6％に達しています。海外ではいったん社会に出てから大学に入り直す人が珍しくありません。日本の大学は、年齢だけでみてもダイバーシティがとても乏しいのです。

日本では、一度働きはじめたら定年まで休職せずに働くのが一般的であるため、勉強する機会がほとんどありません。しかも長時間労働で「メシ・フロ・ネル」の生活を余儀なくされるため、普段、勉強する時間もありません。一方海外では、自分の市場価値を高めるために、社会に出たあとでも、大学や大学院に行って勉強する人がたくさんいます。

ノーベル生理学・医学賞を受賞した大村智教授（北里大学特別栄誉教授）は、山梨大学を卒業後、定時制の高校で5年間、物理や化学の教鞭を執り、その後「もう一度勉強し直したい」と考え、東京教育大学の研究生となり、その後、東京理科大学大学院の修士課程を修了しました。僕の知人にも、40代で大学に入り直した人が何人もいます。

「仕事も家庭もあるし、仕事を辞めてまで大学院に通うのは難しい」という声もありますが、仕事を辞めなくても、土日だけで卒業できる大学院もあるし、夜間だけの大学院もあります。勉強しようと真剣に思ったらいくらでも方法はあるはずです。

理想をいえば、たとえば10年働いたら数カ月〜1年ほど学び直し、また社会に戻る、つまり社会と大学を行ったり来たりできる社会環境を創っていくことが大切だと思います。こういった企業のリカレント投資（生涯教育に対する投資）については税額控除など思い切った税制上の優遇を行ってインセンティブを与えるべきではないでしょうか。

日本の大学生が勉強しないのは、企業側に100%責任がある

日本の大学生が勉強をしないのは、企業の採用基準に「成績」がないからです。日本の企業は大学のブランドを見ているだけです。みんながいい大学を目指すのは、いい企業に

入りたいからです。そのいい企業が採用基準に成績をほとんど考慮していない現状で、誰が一所懸命勉強するでしょうか。するはずがありません。日本の大学生が勉強をしないのは、企業側に100%責任があると思います。

一方、グローバル企業の採用は、面接よりも成績重視です。

自分が選んだ大学で優れた成績を上げた人は、自分が選んだ企業でも優れたパフォーマンスを上げる蓋然性(がいぜんせい)が高いと考えています。日本の大学生が怠け者なのではなくて、日本の雇用システムが「勉強をしなくていい」と認めてしまっているのが大きな問題です。

経団連の会長や全銀協の会長が、たとえば「大学の成績で『優』が7割未満の学生の採用面談はしない」と宣言する。そして、できれば、卒業してから成績証明書を持って企業訪問させる。成績を採用基準に取り入れれば、学生も必死に勉強するようになるはずです。

日本では、大学院を出ていると「なまじ勉強した人間は使いにくい」などというわけのわからない理由から就職に不利になるといわれますが、企業の採用基準を含めて勉学重視の姿勢に根本から考え直さないと、大学を取り巻く環境は良くならないと思います。

以上述べたことと、現在の大学はきちんとした教育を行っているかどうかという問題は、独立した問題です。僕は大学が現在行っている教育にも多くの課題が残されていると考えています。

人間は怠け者だから、勉強せざるを得ない環境に身を置く

人はひとりでは勉強しない。お互いに刺激し合う仲間が必要

僕の友人のひとりに、ハーバード大学の大学院に進んだ医師がいます。留学当初は、「2年間、海外でのんびりしよう」と気楽に思っていたそうです。ところが現地で彼は、ほかの大学院生にこう質問されました。

「あなたはほかの大学院には通わないのか？　この貴重な時間を無駄にするつもりなのか？」

ハーバード大学の大学院生は、彼を除いて、ほぼ全員がほかの大学院でも学ぼうとしていたのです。慌てた彼は急いで入学先を探してみたものの、出遅れていたため、なかなか

見つからない。ようやく見つかった大学院はボストンにある音楽系の大学院で、彼はやむなく、その大学院の指揮コースに進みました。そして結果的に、ダブルマスター（2つの修士号）を取って帰国したのです。

彼は決して勉強が好きだったわけではありません。

子どもが「みんなが通っているから」という理由で塾に行くのと同じように、「大学院生のほとんど全員がダブルマスターを取る。自分だけ取らないのは格好がつかない」という理由でしかたなくほかの大学院にも通いはじめた。ですがその結果、専門の医学のみならず、音楽の教養を身につけることができたのです。

GAFAやユニコーンの経営幹部はとてもよく勉強していて、ダブルマスター、ダブルドクターの人がたくさんいます。

しかも、統計学や数学だけではなく、文学、美学、哲学などの学位を持っています。ビジネスに直結する知識はもとより、世界の広さを知ってはじめて、おもしろいアイデアが出てくるというわけです。

人間はもともと怠け者なので、勉強せざるを得ない環境をつくることがとても大切です。

ＡＰＵには、外国人学生と日本人学生が生活をともにするＡＰハウスという国際教育寮があります。原則として一回生はほとんど全員が入寮します。異なる文化的背景を持つ学生と共同生活をおくることで刺激を受け、互いに学び合っています。

外国人学生が必死に勉強しているのを見て、日本人学生も自然と勉強するようになる。環境が人を育てるのです。

21世紀最初のエリート大学「ミネルバ大学」

ミネルバ大学は、「21世紀最初のエリート大学」として設立された新しい大学で、「ハーバード大学以上の難関校」といわれています（ミネルバ大学に日本の教育機関から最初に進学したのはＡＰＵに在籍していた留学生です）。

サンフランシスコに拠点を置き、「高等教育の再創造」を掲げるミネルバ・プロジェクト社が運営しています。

特筆すべきはその運営方法で、

・校舎はなく世界7都市を移動しながら学ぶ全寮制

・教師は「講義」も、「テスト」もしない
・授業はすべてオンラインでのディスカッション
・約80％が留学生

というように、ユニークな教育方法で知られています。

ミネルバ大学は授業をすべてオンライン化していますが、それでも全寮制をとっているのは、「ともに学ぶことが刺激になる」からです。ピア（peer／仲間）・ラーニングがミネルバ大学の柱となっているのです。

考える力を養うには、ピア・ラーニングが最適

APUが「ピア・ラーニング」に注力している理由

ドイツ出身の哲学者、経済学者のカール・マルクスは、大英博物館図書室に通い詰めて『資本論』を書いたといわれています。なぜ大英博物館に通い詰めたのかといえば、そこに行かなければ参考文献が読めなかったからです。

ところが、今の時代は違います。大英図書館の蔵書のほぼすべてをオンラインで読むことが可能です。

インターネットの時代は、検索の時代です。

「出所が明らかで、相互に検証可能なデータを用いる」

「日本語のデータと英語のデータを照らし合わせる」

など、情報の信憑性を検証する方法さえ理解していれば、どこにいても知識を得ること

ができます。

ですが、勉強する習慣や考える力を養おうと思うのなら、オンライン学習で個別に学ぶのではなく、仲間（ピア）同士が互いの力を発揮し合って学ぶ「ピア・ラーニング」が有効です。

ＡＰＵの学びの特徴のひとつは、「学び合う」ということです。

ＡＰＵでは、言語や文化の異なる学生たちがお互いに教え合い、協働しながら成長するピア・ラーニングを大切にしています。

先輩学生のサポートのもと、言語学習や少人数制の演習など、さまざまなシーンで学生同士の学び合いが見られます。

学生が主体的に学びたいと思わなければ、何を教えても身につきません。学生は小グループで協働しながら主体的に学ぶ、そして教師は学生の自発的な学びを支援することが重要です。

大分の進学校からＡＰＵに入学した学生が、父母会の場で次のような発表を行いました。

「高校時代はすべてが中途半端で、やりたいこともなく、勉強もせず、半分不登校のような状態で、だらだらと過ごしていました。

先生に勧められるままに受験した国立大学を落ち、第一志望ではなかったＡＰＵにしかたなく入学。寮に入っても、ぐずぐずして引きこもっていたのです。

ところが、ある先輩との出会いによって、目が覚めました。『留学して広い世界を見たい』と語る先輩のイキイキとした姿に憧れ、『自分も先輩のようになりたい。何か目標を決めて実行してみよう』と思うようになりました。

そして自分も留学を決意し、毎日英語を自主的に勉強して、留学を実現しました。ＡＰＵに入学したことで、やりたいことが見つかったのです」

こうした化学反応が起きるのも、ピア・ラーニングのメリットです。

また、ＡＰＵライブラリー（図書館）は、ラーニング・コモンズを導入しています。ラーニング・コモンズとは、学ぶこと（ラーニング）のできる共有の場（コモンズ）を意味しています。

図書館を従来の蔵書の収集・保管・利用者への情報提供の場から、プレゼンテーションや議論、グループワークなど、利用者同士が活発に学び合える総合的な学習の場として活用する考え方です。ラーニング・コモンズは、1990年代から欧米の大学を中心に発展し、日本でもこの概念を導入して図書館改革を行う大学が増えています。

ひとりで勉強を続けることは困難です。だからこそ仲間と「ここ、勉強したか?」「あれってどういう意味だと思う?」と、お互いに刺激し合う環境を整えることが重要なのです。

特別対談

松岡亮二 × 出口治明

RYOJI MATSUOKA　DEGUCHI HARUAKI

著書『教育格差（ちくま新書）』（「新書大賞2020」で1500点以上の新書の中から3位に選ばれた）で、膨大なデータを用いて「日本は、〝生まれ〟によって最終学歴が異なる『教育格差』社会」であることを提示した松岡亮二氏。事実に基づいて教育を考えていくことの重要性について、議論を通して考える。

松岡亮二（まつおか りょうじ）
ハワイ州立大学マノア校教育学部博士課程教育政策学専攻修了。博士（教育学）。東北大学大学院COEフェロー（研究員）、統計数理研究所特任研究員、早稲田大学助教を経て、同大学准教授。国内外の学術誌に20編の査読付き論文を発表。日本教育社会学会・国際活動奨励賞（2015年度）、早稲田大学ティーチングアワード（2015年度春学期、2018年度秋学期）、東京大学社会科学研究所附属社会調査データアーカイブ研究センター優秀論文賞（2018年度）を受賞。

日本の学校教育には、厳然たる格差が存在する

出口治明（以下、出口）：現代の社会では、子どもの教育レベルと、その子どもの生涯所得はほぼ比例すると考えられています。たとえ義務教育が無償であったとしても、付随して子どもを育てるためにはさまざまな費用がかかります。

日本は、アメリカや中国に比べれば、相対的に格差の小さい社会であるといわれていますが、とはいえ、日本の子どもの貧困率は、ＯＥＣＤ加盟国の中では最悪の水準です。子どもの貧困率は、１９８０年代から上昇傾向にあって、２０１５年には、13・９％。18歳未満の子どもの７人に１人が貧困状態にあるとされています（２０１５年が最新調査）。

松岡先生はご著書（『教育格差（ちくま新書）』）の中で、「日本は生まれ育った家庭と地域によって、何者にでもなれる可能性が制限されている緩やかな身分社会である」と指摘されています。

公立小学校は平等化装置として機能することが期待されていますが、「生まれ」による格差をゼロにするほどの力はない。むしろ学年が上がるにつれ学習行動などの格差は拡大する傾向にあります。

中学校になると、都市部では高学力層が私立に集中するため、公立校の学力は小学校よ

り均質化します。それも、平均が低下した均質化です。

日本の高校は特異で、偏差値序列によって高校間に大きな学力格差があります。

日本は公平性が高いわけでも低いわけでもない、とても凡庸な教育格差社会と指摘されていますが、格差があるという前提を理解した上で、学校教育はどうあるべきなのか。松岡先生のお考えをお聞かせいただければと思います。

松岡亮二（以下、松岡）：出身家庭の社会経済的地位（経済的・文化的・社会的な地位を統合した概念）によって、子どもの学力や学習習慣には一定の格差があります。

ですから、教師が子どもたちに対して、「なんで集中できないの？」とか「なんで宿題やってこないの？」と脊髄反射的に「正しさ」を振りかざすことは望ましくありません。

怒られた子どもたちは、「僕は出身家庭の社会経済的地位が低いから、学校が要求する学力や習慣を身体化できていないんだ」とは思わないですよね。おそらく、「ああ、やっぱり自分はできないんだ」と、自分の個人的な資質の問題として捉えてしまいます。

出口：「自分はデキの悪い子どもなんだ」と勝手に思い込んで、自己肯定感を自ら潰してしまうのですね。

松岡：そうなんです。教えるときに最初にしなければいけないことは、教師が教壇に立って一方的にしゃべることではなく、子どもが「誰」なのか、社会経済的背景を理解することだと思います。子どもがどのような現実を潜り抜けて今日まで生きてきたのかを把握せずに授業しても、学習目標を達成することは難しいはずです。同じ内容を同じように話しても、聞き手によって理解が異なりますから。

映画『フリーダム・ライターズ』に見る教育の本質

松岡：『フリーダム・ライターズ』という実話にもとづいたアメリカ映画があります。

ロサンゼルス近郊の高校へ赴任した新米教師エリン・グルーウェルが、社会経済的に恵まれていない生徒が集められたクラスを受け持つのですが、エリンは新しいノートを配って、「過去、現在、未来、何についてでもいいから書いて」と提案するんです。

はじめは躊躇していた生徒たちも、どんな風に日々を過ごしているのか書き綴るようになります。エリンは学校の勉強に興味を持たない社会経済的背景を、生徒たちの過去や日常の描写を通して知ることになります。

この映画を観ると、貧困を土台とする不安定な家庭と近隣の環境によって学校教育が成立しないということがよくわかります。と同時に、教師が子どもたちの置かれている環境を理解し、歩み寄ることの重要性もよくわかります。

学校の教師になる人は、エリンがそうであるように、社会経済的に比較的恵まれた家庭出身者が多い実態があります。また、そのような家庭環境を背景に、子どものときは勉強ができ、学校的空間に少なくとも強烈な違和感を覚えないからこそ教職を選ぶわけです。教師を目指す人たちが自身の「生まれ」に自覚的になるような授業が教職課程にあればよいのですが、日本の大半の大学では体系的に教えられていません。

大学進学層のように「勉強すれば社会的に成功できる」と信じている子どもばかりではないのです。出身家庭・出身地域といった「生まれ」が不利な状況にある子どもたちは、「教育を通した社会的成功」というイデオロギーを信じることができない傾向にあるのです。比較的恵まれた「生まれ」を土台に勉強して大卒になったという成功体験を持った教師が、いかに「学ぶことは大切だよ」であるとか「さあ、一所懸命勉強して、大学に行こう」などと言っても、異なる環境に生まれ育った子どもたちにはなかなか響かないと思います。

出口：僕の子どものころは、田舎に住んでいたので教育の多様性がなかったのです。たとえば灘高とか、開成高のような進学校はなかったので、「みんなが公立校に行く」のが当たり前でした。しかも公立の普通科高校はたったひとつ。だからこそ、「勉強すれば成功できる」という共同幻想が生まれやすかったという側面がありますよね。

松岡：はい、それと経済成長ですね。努力すれば年々もっと豊かになれるという実感は、「教育達成による社会的成功」という物語を支えたのだと思います。

出口：ただ僕は、高校生のころからダーウィンの進化論に心酔していたので、「運と適応がすべてであって、賢い人や、強いものが生き残るんじゃない。勉強したら成功するなんて嘘に決まっているじゃん」と思っていました（笑）。

松岡：高校生のときに進化論を読んでいる時点で、出口学長は特殊例です（笑）。

「誰」が何を「選択」するのか

出口：教師がどれほど名講義をしても、学生本人に興味がなかったら、単位を取った瞬間にすぐに忘れてしまいます。ですから、ＡＰＵにおける教職員の役割は、一方的に教えることではなくて、学生のやりたいことを後押しすることなのです。

ＡＰＵでは、レストランのビュッフェのようにたくさんのプログラムを用意して、その中から学生に好きなものを選んでもらうように努めています。

松岡：「学ぶことは楽しい」と興味を持てるようになることが大事だと私も思います。そのためには、少しずつ成功体験を積み上げていって、「ああ、自分でもできるんだ」と自己効力感（self-efficacy）を高めていく必要があります。

出口：本人が「勉強しよう」「これをやろう」と思わなければ何を教えても無意味ですよね。

松岡：義務教育段階で実際の経験に基づいて学ぶことが楽しいという動機付けができていれば、と願います。ただ、すべての子どもに成功体験の積み上げを手助けすることは現実的にかなり難しいです。授業中に手を挙げる子どもというのは、出身家庭の社会経済的地位が高く、塾に通っている子どもたちが多いのが実情かと思います。

アメリカの高校は大学のように自分で履修科目を決めるのですが、出身家庭に恵まれた生徒は大学進学につながる科目を履修する傾向にあります。出身家庭の社会経済的地位によって授業の履修パターンに偏りが出てしまうわけです。難易度の高い授業ばかりを履修し大学進学する層もいれば、高校を卒業するのに最低限必要な科目を履修する層もいます。後者の場合、高校の最終学年で大学進学を希望したとしても、選抜制の高い大学に合格することは難しくなります。

『フリーダム・ライターズ』でも描かれていたように、同じ教科であっても学力上位層向けクラス（映画ではHonors class／日本でいう特進クラス）を履修している生徒とエリンが担当する基礎クラスでは生徒の社会経済的背景が大きく異なります。アメリカの場合は出身家庭の社会経済的地位と肌の色が重なっているので、「生まれ」によって履修している授業の難易度に差があることが可視化されます。学力上位層向けコースの教室は白人ばかりで、エリンの教室に来る生徒のほとんどは様々な有色人種です。

出身家庭の社会経済的地位によって学力や大学進学を望むかどうかに格差があるので、「個人の選択」を介して、結果の差がより大きくなることになります。「健康」を例に考えてみても明らかです。アメリカの場合、出身家庭の社会経済的地位が低い子どもは、カフェテリアに行くと、野菜を避け、フライドポテトのような料理を選択する傾向にあります。

出口：それで太るんですよね。

松岡：はい。自己選択の帰結としての肥満なわけですが、その個人の選択には社会経済的な背景があります。そもそも子どものころにファーストフードばかり与えられている子どもは、野菜をおいしく食べた経験が少ないため、自分から選ぼうとはしません。どうしても食べ慣れたファーストフード的な味に引っ張られて、フライドポテトなど、カロリーの高いものばかり選んでしまうわけです。「誰」がなぜ特定の「選択」をするのか、社会経済的背景を見据える必要があります。

出口：ということは、そこにこそ教師の存在意義があって、出身階層別に細かく子どもを見て、「やさしいクラスばかり取っていたら大学に行けないから、この科目を2つくらい取ってごらん」などといった個人指導をしないといけないわけですね。個人の自由選択に任せるだけではいけない、と。

松岡：はい。ただ、階層性のある価値や信念に対して、どこまで教師が「押し付けるのか」というのは、非常に難しい問題だと思います。「大学進学がよいことだ」という価値観を教師が子どもに強制していることになるので。

機械的平等主義が日本の教育をダメにする

出口：1クラスに30人の生徒がいる場合、先生はクラスの平均的な子どもたちに合わせて授業をしますよね。ですがそれだと、習熟度が高い子どもにはもの足りないし、低い子どもはついていけません。

でも、たとえばAIを上手に使えば、子どもの習熟度に合わせて知識を与えることができると思うのです。教育現場におけるＡＩの活用について、松岡先生はどう思われますか？

松岡：ＡＩがもっと進化して、子どもたちが、「他者ときちんと会話をしている」という実感が得られるのであれば、活用できると思います。

出口：きちんと会話をすれば、子どもたちの背景も全部わかるわけですからですね。

松岡：はい。背景がわかるし、話も聞けるし、個別的状況に合わせた助言もできますから。ですが、現在利用できるレベルでは、格差はなくならない気がします。

できる子はどんどん先に進んでいって楽しいかもしれませんが、できない子は学習動機を獲得できないまま、「もういいや、こんなの」と放り出してしまう可能性があります。

出口：でも逆にいえば、できる子はＡＩに任せて、先生はできない子どもに力を注ぐという使い方もできますよね。

松岡：それを日本の教育でやってしまうと、建前が崩れてしまうんです。

出口：建前？　どんな建前ですか？

松岡：イコール・トリートメント（equal treatment）――「同じ処遇」が平等である、という建前です。

出口：でも、イコール・トリートメントを形式的、機械的に捉えるのではなくて、実質的な平等を重視して、実質的な意味で捉えれば問題がないのではありませんか？

松岡：おっしゃる通りですが、日本の教育では扱いを変えると差別感の温床になるので形式的な「同じ処遇」を平等と捉えてきた、と論じられています。全員が同じカリキュラムで、同じ量の宿題であれば差別「感」は出てこないわけです。もちろん、実態に合わないという批判はあると思います。

出口：まずはそういった画一的、機械的な平等主義を、壊さなければいけませんね。

松岡：そうですね。「生まれ」によってスタートラインに格差があるので、「同じ処遇」では差が縮小することはないと思います。

日本で「機械的平等主義」ができあがった背景の一つは、「みんな同じ」という一億総中流の意識があったことだと私は解釈しています。ただ、そもそも実態としての年収格差などは景気が良かった80年代にだってありました。社会階層論の研究者が指摘してきたように、格差そのものは近年広がったというより、昔からずっと存在してきたわけです。近年は社会意識も階層化されてきたと指摘されています。

出口：僕流にいえば、高度成長していたので、それが見えなかっただけだと。みんなが相対的にハッピーだっただけだと。

ところが成長しなくなるとそこに目がいくようになって、「格差が拡大した」といっているだけで、実体は昔から変わらないんだと。そういう理解ですよね。

松岡：はい、時代によって多少の変動はあっても、概ね、そういうことだと思います。

日本人はなぜ、新しいことを学ぶのが苦手なのか

出口：わが国の2019年の4年制大学進学率は53・7％（文部科学省が発表した令和元年度の学校基本調査／速報値）ですから、高校卒業後、およそ半分の人は大学に行かないわけです。偏差値序列によって高校間に大きな学力格差がある上に、半数が大学に進学しないとなると、その後の教育機会と結果の格差はさらに広がってしまいます。

高校生に対して、教師や大人はどのように向き合っていけばいいのでしょうか。

松岡：公立校に勤務する教師であれば、高偏差値の進学校から低偏差値の「教育困難校」に異動することがあります。そのときに教師が自身の出身家庭の社会経済的地位に自覚的でないと、「低偏差値校の生徒は、やる気がない」と決めつけかねません。子どもたちの学力や言動の背景に何があるのかを考えなければ、対立的な関係にもなり得ます。教師の多くは進学校を経由して大卒となっているわけで、低偏差値のいわゆる「教育困難校」は異世界なわけです。進学校の生徒はかつての自分自身と重なるでしょうから生徒が何をど

う感じているのか想像しやすいでしょうが、教育困難校ではかなり難しいはずです。それこそ『フリーダム・ライターズ』のエリンのように、子どもたちがどんな日常を潜り抜けて学力と意欲が低いまま教育困難校に進学してきたのかを理解するよう努めることが求められます。そうでなければ、劇中に出てきたエリンの上司や先輩教師のように子どもたちの可能性をあきらめ、「次の人事異動まで、ただ我慢しよう」と日々の教育実践へのやる気を失ってしまっても不思議ではありません。

子どもたちからしても、低偏差値校にしか入れず、教師からも期待されず、勉強する気がない同級生に囲まれていたら、高校生活の中で学習意欲を持つのは現実的に難しいはずです。

すべての子どもたちには可能性があるのですから、どのように育ってきたのか子どもたちの話をきちんと聞くことが重要だと思います。そうしないと教育困難校は、学習成果が出ずとも最低限の出席で卒業させる装置になってしまいます。もっとも、中退させない努力をしているだけ生徒の人生に役立っているという見方もできますが。

出口：行政にできることもありそうですね。極端なことをいえば、「同じ処遇」という呪縛を取り払って、教育委員会が優秀な先生たちを低偏差値校に集めるという知恵があってもいいと思いますよね。

社会全体のコストを低くして、安定した社会をつくろうとするのであれば、たとえば、「東大に何人入ったか」を競うような教育委員会の方針ではいけないと思います。底辺を上げるほうが、社会的コストははるかに安くつきますし、平和ないい社会がつくれます。

松岡：おっしゃる通りです。子どもの数も減っているので、これまでのように進学校のような一部の層にばかり投資するのは賢明とは思えません。

出口：子どもたちの意欲を掻き立てるしくみを社会全体でつくっていく必要がありますね。

松岡：貧困によって生活が安定せず、朝ご飯を食べずにお腹を空かせている子どもに「なんで集中できないんだ！」と叱っても結果に繋がりません。精神論を説くのではなくて、どう具体的に支援すれば結果が出るのか考えるのは大人の仕事ですよね。一人でも多くの子どもたちが、小さな成功体験を積み重ねて学習することの楽しさを実感するようになることは、将来的に納税を含む様々な形で社会に貢献する成人が増えることを意味するわけで、そこまで視野に入れて教育に投資したいところです。

家庭と学校の親和性

松岡：社会経済的に恵まれていない子どもにとって、学校は特別な空間です。たとえば、本はわかりやすい例です。蔵書がたくさんある家庭で育った子どもは、学級文庫や図書室に対して違和感を覚えることはないでしょう。家庭と学校に境目がないわけです。
反対に、本がほとんどない家庭で育った子どもにとって、家庭と学校は異世界なわけです。この階層的な差を自覚して言語的に説明できる子はおそらくいません。漠然と学校との親和性を感じないわけです。

出口：人間は言語によって考える生き物ですから、子どもたちに、自分の状況を言語化させることが教育の第一歩ですね。言語化させないと、「自分には能力がない」「自分には向いていない」と子どもたちは勝手に思い込んでしまいます。だからこそ、彼らの声を聞いて、言語化させて、考える習慣をつけさせることが大切なのですね。

松岡：言語化する力の基礎は会話によって身につけます。スポーツなどと違って、言語能力の訓練をどれだけ受けたのかは意識しづらいですよね。ですから、〝個人の能力〟だと思われがちです。

中流家庭の子は、大人から「なんで？」のような説明を求められることが多いと報告されています。学校で問われることも同じですよね。理由付けや自分の考えを表現することが高く評価されます。親と日常会話をすることが、学校での評価に繋がる言語的な訓練になっているわけです。

一方、社会経済的に恵まれない家庭では、親から「これ、食べなさい」「早く寝なさい」「お風呂に入りなさい」という指示が比較的多く、子どもが何をどう考えているのか言語化して説明することを求めない傾向にあります。日常的な訓練ができていないので、大卒の教師から「なんでそう思うの？」と聞かれてもうまく答えることができないわけです。「先生に当てられても答えられない理由は、目には見えづらい訓練をあまり受けていない家庭環境にあるのではないか」、と自分で考えられる子どもはおそらくいません。自分の親と教師に求められる会話が異なることに混乱しながらうまく返答できない負の経験を積み重ねていけば、学校への適応感や自己効力感が失われても不思議ではありません。

一方で、恵まれた家庭環境の子は、習い事でも指導者である大人相手に言語訓練を積み重ねますし、親とご飯を食べながら、「これ、どう思う？」であるとか「お父さんが大学生のときは」といった会話を日常的にするわけです。そういう小さな積み重ねがあれば、学校でも緊張することなく自分の考えを口に出すことができるはずです。

こういう経験値の差を自覚できていない子どもを手放しで教師が褒め称えると、「自分は特別だ」と強い特権意識を持ってしまいかねません。

出口：「自分は優れている」と思ってしまうわけですね。

大学に進学するのが正しい選択か？

松岡：大卒者の大半は自分の子どもに対して大学進学を期待します。この期待格差を問題にすると、全員が大学に進学することを求めているのか、と問われることがあるのですが、出口学長はどう思われますか？

出口：僕は次のように考えているのですが、「全員が大学に行く」ということは、人間の体にたとえて考えてみると、「全員が脳味噌になれ」といっているような話です。どんな社会でも、リーダーもいればフォロワーもいるわけですから、全員が脳味噌になる必要はないと思います。

ですが、才能というのはいろいろなところで生まれますから、社会にたくさんの梯子（はしご）をかけて複数のチャネルをつくって、できるだけ多くの才能を埋もれさせることがないような社会をつくっていくことが大事だと思っています。

学校だけではなく社会も含めて、いろいろな可能性を持つ子どもたちを救い上げることのできる社会をつくっていきたいですね。大学に行かなくても経済的に安定することはいくらでもできるわけですから。

松岡：教育と就業、どちらの機会も豊富であってほしいですよね。

ＯＥＣＤの国際成人力調査の結果によると、日本は、「新しいことを学ぶのが好き」な人の割合が低い国の一つです。教育でも仕事でも、分野や役割を問わず、一定の成果を得るには学習と努力の継続が求められます。義務教育を終えるまでの期間にすべての人が「学ぶことは楽しい」ということを実感できるようになり、各々の人生最期の瞬間まで学び続ける自律的学習者で溢れた活気のある社会になれば、と思います。

第4章

正しい「人間洞察」を前提にした社会人教育

社会人に仕事を教えるときは「マニュアル化」に尽きる

誰がやっても同じ結果が出るしくみをつくる

前章までは、おもに教育現場における「教える」ことの本質について述べてきましたが、本章では、ビジネスの現場における「教える」ことについて考えてみたいと思います。

部下に仕事を教える、あるいは引き継ぐときにもっとも大事なことは、業務プロセスの標準化を図って、誰がやっても同じ結果が出るしくみをつくることです。

職場の誰が担当しても同じレベルで仕事を進められるようにするには、「先輩の仕事を見て覚えろ」式の指導ではなく、マニュアルの整備に尽きると僕は思います。

マニュアルは、職場における「辞書」あるいは「百科事典」ということができます。仕事で困ったことがあったときに、該当箇所を引けば、仕事の課題や疑問を解決する方法を確認できるからです。
「辞書なしで本を読め」というのでは、そもそも無理があります。また、わからないことがあったときに、いちいち先輩に確認していては非効率ですよね。「すべての仕事は、先輩を見て覚えろ」という考え方は、丁稚奉公の世界と一緒で、前近代的な職場だと思ったほうがいいでしょう。

マニュアルを作成すると、

・業務プロセスの標準化が図られるので、品質安定や向上につながる
・個人の好みや美学による仕事のムダが明確になるため、作業時間を短縮できる
・人材の育成に役立つ
・外国人の雇用を確保できる

などといったメリットが期待できます。また、マニュアルをまとめる作業を通して、仕事の全体像が見えてくるので、みんなが安心して仕事ができるようになります。

東京の神保町に「未来食堂」という定食屋があります。店を切り盛りしているのは、小林せかいさんという女性です。

せかいさんは、大学卒業後にＩＴ企業でエンジニアをしていましたが、小さな定食屋を開こうと考え、さまざまな飲食店で修業を積みました。そして「背中を見て学べ」式の指導よりも、アルバイトでも初日からフルに働けるチェーン店のマニュアルに価値を見出し、自らがお店をつくるときは、厨房でのあらゆる作業を最適化してマニュアル化できるように工夫したそうです。

ＯＪＴ（On-The-Job Training／業務を通して上司や先輩が部下の指導を行う教育訓練）も大切なトレーニングのひとつですが、教える立場の上司や先輩が自らの仕事に忙殺されてしまうと、人に教える余裕も時間もなくなります。もっと本質的な問題は、上司や先輩のレベルがまちまちなことです。

しかしマニュアルがあれば、上司や先輩の都合やレベルに左右されることはありません。若手社員や非正規社員で構成された職場でも、ある程度の訓練でほぼ同レベルの業務を行うことが可能となります。

「目的」が明確になっていれば、「調整」ができる

いいマニュアルの条件は、会社の経営理念や、部署ごとの目標、ＫＰＩ（重要業績評価指標）などが、きちんと関連づけて示してあることです。

「こういう理念、目的を実現するために、こういう仕事がある」ということが明確になっているということです。

「何のために」という目的が明確になっていないと、仕事の手順が書かれていても、人間はなかなか仕事を前に進めることができません。何のためにやるのかがわからない仕事ほど、退屈なものはありませんよね。

でも「目的」がわかっていれば、人間は、「調整」ができます。たとえば「こういうお客さんのニーズに応えるために～」という目的がわかっていたら、自分の頭で考えて、状況に合わせて調整することができます。

だからいいマニュアルというのは、

・仕事の「目的」が書いてある
・その目的が、経営理念、経営計画とどのように結びついているのかがわかる

ということです。

会社が向かっているのはこの方向だ、ということがわかると、自分が担っている部門の位置づけがわかります。その上で、仕事の手順が書いてあるというのが、一番いいマニュアルではないでしょうか。

そのようなマニュアルであれば、会社に入ってきた人は誰でも、読めば仕事のことがわかります。もしわからないところがあれば、その部分だけを先輩に聞けばいいわけです。

マニュアル化は世界の常識

マニュアル化といっても、人間を画一的に縛るものではありません。

仕事のマニュアル化とは、人間の個性や多様性を認めながら、仕事のやり方や進め方を共有し、平均化を行うためのものです。

日本は鎖国以来、同質社会が長く続いてきたので、暗黙の了解が尊ばれてきました。工場の生産現場ではそれでもよかったのです。同質性や協調性が重視されていましたから、空気を読んだり、気を遣い合うことがよしとされました。

ですが、サービス産業が中心の社会では、暗黙の了解は通用しません。多様な人がアイデアを出し合って価値が生み出されていくため、暗黙の了解では誤解を招くだけです。

僕が海外勤務をしていたとき、とある国の政府とローン契約を取り交わした際の契約書は50枚にも及ぶ分厚いものでした。日本企業に貸し出すときは同じローン契約でも1枚ですが、「こういう場合にはこうする」という取り決めがこと細かく決まっていたほうが、トラブルが起きた場合にも安心です。分厚い契約書や細かいマニュアルに従ったほうが生産性は上がるのです。

誰が作業をしても「最低60点」は取れるようにする

日本生命に代々伝わるマニュアルをつくる

僕の社会人人生は、新卒でたまたま入社した日本生命の京都支社からはじまりました。2年後の1974年、京都支社から大阪本店の企画部へ異動。企画部は、経営計画や組織・規定をつくったり、常務会の世話をする部署でした。

異動後すぐに課長から、「企画部には会社の情報がすべて集まる。会社で起こっていることを知らなかったら恥だと思え」と釘を刺されました。

実際に企画部で働きはじめると、課長の言葉通り、機密案件を含めた社内外の情報に接する機会が増えていきました。同時に、自分は日本生命のことを何も知らなかったことに気づきました。

そこで、「この会社がどんな由来を持つ会社なのか、きちんと知っておこう」と思い立ち、何冊もあった社史を図書室から借りてきて、勉強しました。

企画部には大きく、「①役員会の事務局のグループ」「②経営計画をつくってコントロールするグループ」「③組織や規定をつくるグループ」の3つの係がありました。

最初「②」のグループに配属された僕は、保険料や事業費の計算、損益計算書から貸借対照表づくりまで、数字にまみれながら仕事をこなしていました。

そして3年目に、「あちらこちらで教えてもらったことをまとめておいたほうが、後輩も助かるだろう」と考え、誰に命ぜられたわけでもないのですが、経営指標などの数値の読み方を解説した『数字の見方』というマニュアルを書いてみました。

4年目に係長になってからは、「③」の組織や規定をつくるグループを担当し、このときも、『諸規定の考え方・つくり方』というマニュアルをつくりました。

この2つのマニュアルは、その後も企画部で長く使われていたようです。

15年ほどたったとき、企画部の若い後輩に「もしかして、あのマニュアルを書いた出口さんですか？　僕はあれで勉強しました」と声をかけられたこともありました。

「自分にしかその仕事ができない」「その仕事は自分のものである」と考えると、仕事がブラックボックス化しやすくなります。

しかし仕事のほとんどは、「その人でないとできない」ものではありません。仕事を公（おおやけ）のものとして捉えて、誰が作業をしても「最低60点」は取れるようにマニュアルを整えておくことが大切です。

マニュアルは、外国人雇用にも役立つ

多文化・多国籍環境の中では、日本語だけに頼って、「言って聞かせる」「見て覚えさせる」という前時代的な指導は意味がありません。

たとえば、ヤマト運輸株式会社（クロネコヤマト）の物流ターミナル「羽田クロノゲート」では、深刻化する人手不足を、自動化と外国人労働者によって補っています。

深夜の仕分け作業は、ほぼ外国人です。最近ではネパールやベトナムの人が多く、7カ国語のマニュアルを作成して運用しているそうです（一方、集荷・配達を外国人にシフトするのは難しい状況があるため、女性の活用を推進しています）。

日本企業で働く外国人は「言葉の壁がある」「企業文化に違いがある」「作業のしかたを

覚えなければならない」などという課題に直面します。その解決策として有効なのが、マニュアルの整備なのです。

日本の企業は、グローバル企業に比べると、マニュアル化に対する感度が鈍いと思います。一方、ダイバーシティへの取り組みを進めている企業は、マニュアル化に積極的です。なぜなら、日本語のマニュアルを外国語に翻訳さえすれば、直ちに外国人を雇用することが可能になるからです。

名刺をマニュアル化して、マーケティングに役立てる

僕はライフネット生命時代もそうでしたが、ＡＰＵでも、はがきサイズの「大きい名刺」を使っています。僕はこれをいつもスーツの内ポケットに入れて持ち歩いていて、ＡＰＵに来てくださった方や、講演・パネルなどでお会いした方に渡しています。

この大きな名刺は、「小さなパンフレット」でもあり、ＡＰＵがどのような大学かを、数字と図で説明する「マニュアル」でもあります。

マーケティングの基本は、シンプルに、誰でも説明可能なミニマムな情報を相手に伝え

APUの「大きな名刺」

裏

APUの"いま"がメールで届く！
One APU メルマガ
詳細はこちら　http://r.apu.jp/signup

「One APU ウェブサイト」について
APUを応援してくださる皆様からご支援を募るウェブサイトです。
詳細はこちら　http://r.apu.jp/giving

寄付メニュー
- APUグローバルリーダー育成奨学基金
- ネームプレート募金
- カルチャーワゴンキャンプへのご支援
- Global Alumni Lecture (GOAL) 運営支援
- キャンパス施設の整備・リニューアル
- キャンパス自然環境保全
- APUグローバルビジネスケースチャレンジ（GBCC）
- インドネシア・ウィークへのご支援のお願い

APUのランキング・認証

西日本の私大で「No.1」評価、全国私大5位
THE世界大学ランキング　日本版2019
イギリスの高等教育専門誌「タイムズ・ハイヤー・エデュケーション(THE)」による世界大学ランキングの日本版で、西日本の私立大学で1位、総合21位。

国際認証AACSB取得（国際経営学部・経営管理研究科）
世界でも最高水準のビジネス教育を提供する教育機関として認証を取得。
世界のビジネススクールの5%のみが認証を受けており、日本国内では3校目。
AACSB ACCREDITED

国際認証TedQual取得（アジア太平洋学部　観光学分野）
国連世界観光機関(UNWTO)による観光学教育の国際認証TedQualを日本国内の私立大学で初めて取得。
世界の観光学をリードする71の大学が認証を受けており、国内では2校目。
tedQual

Ritsumeikan.APU　@ritsumeikanapu　ritsumeikanapu

数字とビジュアルを使うと、
情報が伝わりやすくなる

数字で見るAPU

国際学生の割合 49.1%
出身国・地域数 92
学生の数 5830
海外協定大学機関数* 469
開学以来の入学者出身国・地域数 152
国内学生就職率* 97.3%

APUの学部・大学院
（2019年5月1日付　*は2019 APUデータブックより）

アジア太平洋学部（APS）
専攻×地域の学びで、アジア太平洋のさらなる発展と共生に貢献できる人へ。

環境・開発	国際関係
観光学	文化・社会・メディア

国際経営学部（APM）
国際ビジネスの最前線で活躍するオンリーワンのグローバルリーダーに。

会計・ファイナンス	経営戦略と組織
マーケティング	イノベーション・経済学

大学院

経営管理研究科（GSM）修士課程	アジア太平洋研究科（GSA）博士前期課程
	アジア太平洋研究科（GSA）博士後期課程

表

裏と表の
両面に印刷する

（2019年5月1日付のデータ）

ることです。

ツイートのように単純化された情報に慣れたユーザーは、情報量の多いコンテンツを敬遠する傾向にあります。分厚いパンフレットを読む人はそれほど多くはないでしょう。

したがって、数字とビジュアルを使って、ひと目で情報が伝わる工夫が必要です。

マニュアル作成の「4つ」のポイント

マネージャーが作成したマニュアルを定期的に更新する

マニュアルづくりのポイントは、次の「4つ」です。

【マニュアルづくりの4つのポイント】
①最初はマネージャークラスが作成する
②マニュアルを一本化する
③言葉の定義を明確にする
④定期的にアップデートする

①最初はマネージャークラスが作成する

マネージャーが部下に、マニュアルをつくるように命じることがあるかもしれません。現場の、細かい仕事は部下にやらせたほうがいいという考えなのでしょう。

でも部下よりも、組織の全体像、仕事の全体像を把握しているマネージャークラスが、マニュアルのたたき台をつくるほうがいいと僕は思っています。

そして、たたき台の内容が実情に合っているかどうかは、現場を把握する一般社員がチェックすればいいのです。

②マニュアルを一本化する

僕が日本生命でマニュアルをつくったあとに、倉庫の整理をしたことがあります。すると、10年以上前につくられた「企画部マニュアル」が見つかりました。「先輩たちの中に、僕と同じことを考えた人がいるんだ」と思いながら読んでみると、中途半端な内容で、実務には適していないことがわかりました（だからこそ倉庫で眠っていたのだと思います）。

10年以上前のマニュアルを残しておくと混乱するため、すべて処分しました。

イスラーム教の聖書に相当する「クルアーン」には、ムハンマドが神から託された言葉が書かれています。

ムハンマドは632年に亡くなり、クルアーンは650年ごろに完成しています。没後わずか18年です。ムハンマドの仲間が大勢生きていましたから、クルアーンは、ムハンマドの教えをほぼ正確に反映していると考えていいと思います。

編纂（へんさん）の中心人物は、3代カリフのウスマーンというムハンマドの友人です。彼はクルアーンを完成させると、その他の疑わしい神の言葉はすべて焼却しました。したがって、クルアーンは聖書のように異本（外典など）が存在しません。

揺るぎない正典が早くに成立したことは、イスラーム世界の団結力を高める上で極めて有効であったと考えられます。

会社組織も同じです。揺るぎないマニュアルをつくり、一本化する。仕事の標準化を実現するには、異本を置かないことが重要です。

③言葉の定義を明確にする

議論をするときは、言葉の定義を明確にしなければ互いのコミュニケーションは成り立ちません。たとえば、フランス大統領、エマニュエル・マクロンは、自著（『革命』ポプラ社）を言葉の定義からはじめています。

「フランス人とは何か。それはフランス語をmother tongue（マザータング）として話す人で、書類上の問題ではない」

「フランスという国家はプロジェクトである。では、何を目指すプロジェクトか。第5共和政は人々をいろいろな制約から解放することを目指すプロジェクトである」

マニュアルをつくるときも、言葉の定義を明確にすべきです。

たとえば、職務権限規程に書かれている「報告」と「協議」は意味が異なるのです。

「報告とは、仕事を与えられた者がその経過や結果などを述べること。事実を伝えればいいのであって、必ずしも相手の意見を受け入れる必要はない」

「協議とは、相手と話し合って決めること。相手の意見に対して一方的に拒否してはいけない」

このように、定義を統一しておかないと、誤解の原因となります。

社内だけで通用する、その会社特有の言葉を不用意に使っていないかをチェックする必要もあります。新入社員が読んでも理解できるレベルのわかりやすさで記述することがポイントです。

④定期的にアップデートする

定期的にマニュアルの内容を確認して、会社の実情に即したものになるよう更新します。マニュアルの更新は、人員に欠員が出るタイミング（異動や育児休業など）に行うと業務の効率化が実現します。

たとえば、10人でひとつのチームをつくっていたとします。ひとり当たり「10」の仕事をこなしていると仮置きすれば、このチームの仕事の総量は「100」になります。ところがあるとき、ひとりの女性が育児休業を取ることになりました。

このとき、「100の仕事を9人でこなそう。ひとり当たりの仕事量を11〜12に増やせば、欠員が出ても仕事量は落ちない」と考えるマネージャーは、優秀とは言い難い。

優秀なマネージャーは、次のように考えます。

「この機会にマニュアルを見直してみよう。チームの仕事をすべて洗い直してみれば、ムダな仕事を減らすことができるかもしれない。100の仕事を80に減らすことができれば、欠員が出ても、ひとり当たりの仕事量を減らすことができる。結果的に生産性が上がるはずだ」

マニュアルを洗い直すことで自分の頭の中がクリアになる上、業務のプロセスが見える化されるため、仕事のムダを発見しやすくなります。

では、仕事を洗い直した結果、「100」だった仕事が「110」に増えてしまったらどうするか。

そのときは、人事部に更新したマニュアルを見せて、「これだけの仕事量をいまの人数で回すのは難しい。だから人員を補充してください」と願い出ればいいのです。

部下とのコミュニケーションは「就業時間内」に行うのが基本

飲みニケーションの文化は日本独自のもの

リーダーは、職場の部下のことをよく知る必要があります。なぜなら部下の適性にふさわしい仕事をあてがうのがマネジメントの役割だからです。つまり、人材のポートフォリオを上手に組むことがマネージャー本来の仕事なのです。人を上手に使おうと思ったら、部下の得意不得意、向き不向きを前もって把握しておかなければなりません。

日本の常識で考えれば、部下との飲み会やゴルフは有効かもしれません。しかし僕自身は、就業時間外にマネジメントを行うのは邪道だと考えています。部下もゴルフや飲み会が好きならかまいませんが、そうでない人もいるからです。

以前、『プレジデントオンライン』の中で、「悩み事の出口」という連載コーナーを受け持っていたことがあります。このコーナーで、「同じ部署の上司や同僚はみな酒好き。仕事後の飲み会が多くて睡眠不足が悩みです」という相談を受けました。

僕は次のように答えました（一部抜粋）。

「職場は何よりも仕事をするところです。ベストコンディションで毎日出勤するのが社会人の最低限の心構えです。だから『僕は会社に貢献したい。飲みに行くとフラフラになっていい仕事ができないから、今日は勘弁してください』とキッパリと断ってみたらどうですか」

また、ある企業の管理者研修に招かれたとき、「この10年来、ほぼ毎日、飲みニケーションを行っている」という参加者がいました。

僕はその人に、「厳しいことをいわせていただければ、今すぐ辞表を書くべきです」と思わず言ってしまいました。

なぜ、飲みニケーションはいけないのか。理由は「4つ」あります。

【飲みニケーションをしてはいけない4つの理由】

①飲み会は、就業時間外に行うものだから
②お酒が嫌いな人、飲めない人もいるから
③グローバルには、「飲むのも仕事」といった風潮はないから
④公平性を欠くから

①飲み会は、就業時間外に行うものだから

部下とのコミュニケーションは、原則、就業時間内にやるべき仕事です。時間外にコミュニケーションを取るなど論外です。

自分の立場を利用して業務外の行為を強要した場合、強要した人の態度によってはパワハラに認定される可能性もあります。

就業規則に定められている業務時間内で、真剣に部下と向き合う。相手の意向をよく汲んで、どのようなことを聞かれても適切な受け答えをする。それができれば、部下は上司を信頼するようになるはずです。

②お酒が嫌いな人、飲めない人もいるから

たとえば、部下がイスラーム教徒だったり（教義によって飲酒が禁じられている）、お酒が飲めない体質だったらどうするのでしょうか。グローバル企業であれば、絶対に許されないことです。

お酒の力を借りなければ部下とコミュニケーションが取れないのであれば、そもそも管理者の資格がないと思います。

③グローバルには、「飲むのも仕事」といった風潮はないから

今から四半世紀前の話ですが、海外の重要取引先の会長が来日しました。当時の社長は、「大事にしていた60年代のワインでおもてなしをしよう」と考え、「このワインはあなたのためにさきほど開けました。一杯飲んでください」とワインをグラスに注ぎました。

ですが先方は、「お気持ちは感謝しますが、私は2年前からお酒を断っていますので、水で結構です」と断ったのです。

日本人であれば、「では、一杯だけ」と口をつけるでしょうが、グローバルなリーダーは平気で断ります。

日本では、いわゆる飲みニケーション文化が根強いのですが、海外では、17～18時になったら仕事を終えて、あとは家族や恋人との時間を過ごす国のほうが圧倒的に多いのです。「一緒にお酒を飲めば、本音が聞ける」「お酒なしには信頼関係は築けない」などという歪んだ考え方は、日本でしか通用しません。

もちろん、僕も仕事で知り合った人と飲みに行くことがよくあります。ですがそれはあくまで、仕事を通じて得た信頼関係の「プラスアルファ」部分です。

就業時間内のコミュニケーションで既に信頼関係は築けており、その上で相手もお酒が好きなことがわかっているのですから、それは、友人同士の通常のお付き合いと同じです。

僕は、お酒がないと信頼関係が築けないなどとはまったく考えていませんし、無理に誘うこともありません。

④公平性を欠くから

あるグローバル企業のトップは、「役員になってからは、部下とランチに行くことも、飲みに行くこともない。秘書と食事をすることもない」と話していました。

理由は、「一部の人とだけランチを共にすると、公平性を欠いてしまう。全員とランチをすることも飲みに行くこともできないのなら、誰とも行かないのがフェアである」からです。そこまで厳しくする必要はないとも思いますが、フェアネスを何より大切にすることのトップの見識には感服しました。

たとえば、秘書など、身近にいる人とだけランチをしていると、彼らの限られた情報だけが自然と耳に入ることになります。それでは正しい判断はできません。ランチの場を使うなら、普段なかなか話をする機会がない人とランチをとるべきです。

トップは会議等で、あるいは社内を回って、等しくいろいろな人の話に耳を傾けるべきです。もちろん、それは就業時間内に行うべきであって、飲み会の場を安易に使うべきではありません。

定期的な「1ON1ミーティング」で組織内の地図をつくる

愚直に1対1の対話を繰り返す

部下を知るために有効なのは、就業時間外の飲み会やゴルフではなく、就業時間内の「1ON1（ワンオンワン）ミーティング」（上司と部下の1対1のミーティング）です。

ひとり30分～1時間など、時間を決めて部下と1対1のミーティングを繰り返すと、部下の特性がよくわかるようになります。

人間は感情の動物です。「時間をかけてもらえないと、上司に愛着がわかない」「時間を割いてくれない上司に部下は反発する」ものです。1対1のミーティングは、その行為自体が、部下を尊重しているシグナルになります。

したがって、愚直に1対1の対話を繰り返すことが何よりも大切です。

【1ON 1ミーティングの基本的なやり方】

- **確認**……キャリアの基本事項を押さえるために、次の3つを確認します。

①相手の職務
②過去にどんな仕事をしてきたのか
③これから何をしたいのか

- **評価軸を伝える**……「どのような役割や機能を果たしてほしいか」という組織内の役割・機能と、「どのように頑張れば、どのような評価が得られるか」という評価軸を部下に伝えます。
- **状況確認**……年初にミーティングを行い、その後、3～4カ月に一度、進捗状況を確認します。
- **公平に扱う**……部下を公平に扱うこと。特に人によってミーティングの時間を変えてはいけません。仮にミーティングの時間が30分の部下と1時間の部下がいた場合、30分の部下は「嫌われているのではないか、信頼されていないのではないか」と不安を抱きます。

好き嫌いに関係なく、部下と平等かつ公平に接するのが優れた上司

以前、講演会で100人ほどいた参加者に向かって、次の質問をしたことがありました。

「上司は、部下への好き嫌いを表に出さないようにして、感情を隠そうとしますよね。ですが隠したところで、上司が自分のことをどう思っているのか、好きなのか嫌いなのかわかるのではありませんか？　わかる人は手を挙げてください」

「わかる」と手を挙げた人は、何人いたと思いますか？　100人全員です。

いくら隠しても、上司の感情は、部下に筒抜けになっています。つまり、好き嫌いを隠すことに意味はないということです。そうであれば、好き嫌いを隠すよりも、好き嫌いに関係なく部下には平等かつ公平に（フェアに）接することのほうがはるかに大切です。

僕自身も、好き嫌いの激しい人間です。ですが、前職時代から好きな部下でも、嫌いな部下でも、分け隔てなく平等に接することを心がけてきました。

なぜなら、部下は、「上司が自分のことを好きか、嫌いか」を見抜いているからです。好き嫌いを隠すより、好き嫌いに関係なく部下にはフェアに接するのが部下を動かす第一の条件なのです。

新しいアウトプットを生み出すには、「人・本・旅」によるインプットが不可欠

インプットを増やす3つの方法

サービス産業が中心となった今の時代は、斬新な発想やアイデアを生み出す必要があります。

新しいサービスという無形のものを生み出すには、さまざまな経験を積んで、発想力や柔軟性を養うことが大切です。イノベーションやアイデアは、自分の仕事を深掘りするだけでは生まれないので、新しい情報を常にインプットし続けなければなりません。

僕がこれまで、自著や講演会などで何度も述べてきたように、インプットの方法は、「人」「本」「旅」の3つです。

たくさんの「人」と会い、たくさんの「本」を読み、たくさん「旅」をして（現場に出て）、さまざまな考え方や発想のパターンに触れることが何よりも大切です。

【インプットの方法】

①「人」から学ぶ
②「本」から学ぶ
③「旅」から学ぶ

①「人」から学ぶ

さまざまな脳が集まれば集まるほど、アイデアが生まれやすくなります。何事も混ぜれば強く豊かになるのです。ですから、自分とは異質な脳を持つ人に会うことが大切です。初対面でも臆せず、「まずイエス」で新しい人に会い続けましょう。

②「本」から学ぶ

僕の場合、歴史、文学、哲学、思想、科学、美術、ビジネス、漫画など、ジャンルは一切問わず、どんな本でも読みます。本を選ぶ判断基準は「おもしろいかどうか」だけです。本をどうやって選んだらいいかわからないときは、

・「店頭で立ち読みして選ぶ」
・「新聞の書評欄を見て、興味のあるものを選ぶ」
・「古典の中から、興味のあるものを選ぶ」

という方法をとると間違いがないと思います。

【店頭での立ち読み】
僕はおもしろそうな本を見つけると、本文の最初の5～10ページを必ず立ち読みします。著者は読んでほしいと思って本を書いているので、最初の5～10ページに力を込めるはず。そこがおもしろくない本は全部を読んでもおもしろくない蓋然性が高いのです。

【新聞の書評欄】
新聞の書評欄は、一流の学者や作家が自分の名前を出した上で専門分野の本を責任を持って選書しているので、信頼性がとても高い。僕も新聞の書評欄を参考に本を選んでいますが、「これは失敗だったな」と思った本は、この十数年で1冊もありません。

【古典】

古典は無条件に良書です。なぜなら、歴史・哲学・思想・科学・文学など、人間が探求してきたさまざまな分野の知の結晶として、何百年にもわたって読み継がれてきたからです。

③「旅」から学ぶ

「旅」＝「現場」と言い換えてもいいかもしれません。真実は現場の中にしかありません。机上で考えるだけではなく、足を使っていろいろな現場に出向き、体験を重ねることが重要です。

おいしいパン屋さんができたと聞いたら、行って、買って、食べて、はじめておいしさがわかります。アイデアは、「人・本・旅」で脳に刺激を与えることによって湧いてくるのです。

学びを個人に任せてはダメ

人間は、「人・本・旅」でしか勉強はできません。ところが、人間は怠け者で、いい加減な動物ですから、インプットの大切さは理解しつつも、なかなか行動できないのです。ですから、「人・本・旅」での学びを個人に任せておくのではなく、学びやすい仕掛けを職場につくることが大切です。

ライフネット生命時代、僕は、社員向けの勉強会（任意）を定期開催していました（社員はこの勉強会のことを「出口塾」と呼んでいました）。定期的におもしろい人を呼んできて登壇してもらったり、読書会を開くなど、社員教育をしくみ化していたのです。

この出口塾は、社員に「人と本」での学びを与える機会でした。

・「本」を読ませるしくみ

出口塾で僕が指導をするときは、毎回課題図書を設定し、その本をもとにディスカッションを行っていました。

・「人」に会わせるしくみ

同質な人間ばかりの集団は、同じような経験、情報しか持っていないため、意外性がなく、アイデアが出にくくなります。

そこで、業種や職種を問わず、さまざまな経験を持つ人を社外講師としてお招きしていました。

以前、僕がたまたま乗車したタクシーのドライバーの人に、ライフネット生命で講演をしていただいたこともありました。

その人は当時88歳。東京大空襲を経験されていて、タクシー会社の社長から、「空襲の記憶を若い世代に伝えてほしい。だから体が動く限り、1週間に3時間くらいでいいので、うちの会社で働いてほしい」と依頼されていたそうです。その人は、タクシー会社に新人が入るたびに戦時中の体験を語っていました。

後日僕は、そのタクシー会社に電話をして事情を説明し、出口塾に来ていただいたのです。実際に体験した方の話は迫力と臨場感があって、大変勉強になりました。また、落語家を呼んできて寄席を開いて、地域のみなさまにも来ていただいたこともあります。

APUでは2019年春にクラシック（ピアノ）の音楽家と日本舞踏家とジャズダンサーのコラボレーションを行ったこともあります。

では、どうしたらおもしろい「人」と出会えるのでしょうか。どこでどのような出会いがあるかわかりませんから、誘われたらすべて「イエス」と答えることです。

今はSNSで気軽に人とつながれる時代なので、ダメモトで積極的に会いたい人にアプローチすることもできます。

「旅」が大切な理由は、人間は物事を五感で理解する生き物だからです。その場所に行き、見て、触れて、聞いて、話して、味わってみなければわからないことがたくさんあります。

・「旅」に行かせるしくみ

「旅」をするためには休暇が必要ですから、ライフネット生命では、3年勤務毎に別途10日間のリフレッシュ休暇を与えていました。土日も利用すれば2週間丸々休める計算ですから、その期間に旅をして見聞を広めることができます。事実、ほとんどの社員はリフレッシュ休暇を取得して海外やボランティア活動などに出かけていました。

大学生の読書量を増やす方法とは？

日本の学生が本を読まないのは、大人がしくみを考えないからです。

No.	図書データ
21	マルコ・ポーロ（1970, 1971）愛宕松男訳注『東方見聞録』（1, 2）平凡社.
22	ウィリアム・シェークスピア（1985）小田島雄志訳『シェイクスピア全集 ロミオとジュリエット』白水社.
23	アダム・スミス（2000）水田洋、杉山忠平訳『国富論』（1, 2, 3, 4）岩波書店.
24	マックス・ヴェーバー（1989）大塚久雄訳『プロテスタンティズムの倫理と資本主義の精神』岩波書店.
25	荘子（1971）金谷治訳『荘子』（第一冊〔内篇〕）（第二冊〔外篇〕）（第三冊〔外篇・雑篇〕）岩波書店.
26	巌本善治編、勝部真長校注（1983）『新訂 海舟座談』岩波書店.
27	鈴木大拙（1968）『鈴木大拙全集 第8巻 日本的霊性』岩波書店.
28	世阿弥（1958）野上豊一郎、西尾実校訂『風姿花伝』岩波書店.
29	近松門左衛門（1977）祐太義雄校注『曾根崎心中・冥途の飛脚 他五篇』岩波書店.
30	中村元訳（1984）『ブッダのことば　スッタニパータ』岩波書店.

大学生の読書量を増やしたいのであれば、企業側が採用面談で必ず読書体験を話題にしたり、大学側が「この本を読まなければ落第」といったルールをつくればいい。

「本を読まないと、就職できない」「本を読まないと、落第する」という状況に追い込まれたら、学生は勉強する（本を読む）ようになるはずです。

ＡＰＵでは、「入学式で学長推薦図書一覧を配布する」「図書館や生協にその推薦図書のコーナーを設ける」「ゼミや特別講義で読書を義務付ける」などの工夫を施して学生の読書量を増やそうと努めています。

入学式で配布する「推薦図書」一覧

No.	図書データ
1	マルクス・アウレーリウス（2007）神谷美恵子訳『自省録』岩波書店.
2	ヘルマン・ボーテ（1990）阿部謹也訳『ティル・オイレンシュピーゲルの愉快ないたずら』岩波書店.
3	エドマンド・バーク（2002,2003）水谷洋，水谷珠枝訳『フランス革命についての省察ほか』（Ⅰ，Ⅱ）中央公論新社.
4	ガイウス・ユリウス・カエサル（2015）高橋宏幸訳『カエサル戦記集 ガリア戦記』岩波書店.
5	孔子（1963）金谷治訳注『論語』岩波書店.
6	チャールズ・ダーウィン（1990）八杉龍一訳『種の起原』（上，下）岩波書店.
7	ルネ・デカルト（1997）谷川多佳子訳『方法序説』岩波書店.
8	フェルドウスィー（1999）岡田恵美子訳『王書―古代ペルシャの神話・伝説』岩波書店.
9	ヴィクトール・E・フランクル（2002）池田香代子訳『夜と霧（新版）』みすず書房.
10	韓非（1994）金谷治訳注『韓非子』（第1冊，第2冊，第3冊，第4冊）岩波書店.
11	ヘロドトス（1972）松平千秋訳『ヘロドトス 歴史』（上，中，下）岩波書店.
12	ホメロス（1992）松平千秋訳『イリアス』（上，下）岩波書店.
13	ホイジンガ（2001）堀越孝一訳『中世の秋』（1, 2） 中央公論新社
14	オマル・ハイヤーム（1993）小川亮作訳『ルバイヤート』岩波書店.
15	李攀竜編（2000）前野直彬注解『唐詩選』（上，中，下）岩波書店.
16	ニッコロ・マキアヴェッリ（1998）河島英昭訳『君主論』岩波書店.
17	井筒俊彦 訳（1964）『コーラン』（上，中，下）岩波書店.
18	フリードリッヒ・ニーチェ（1967）氷上英廣訳『ツァラトゥストラはこう言った』（上，下）岩波書店.
19	トーマス・ペイン（2005）小松春雄訳『コモン・センス 他三篇』岩波書店.
20	プラトン（1964）久保勉訳『ソクラテスの弁明・クリトン』岩波書店.

「上司のいうことを聞かない部下がいる」のは健全な証拠

2：6：2の法則を前提に組織をマネジメントする

とある講演会の質疑応答の時間に、次のような質問をもらったことがあります。

「たくさんの部下がいるのですが、部下の中には、丁寧に教えても、『こうしてほしい』と具体的に指示を出しても、一向に変わらない部下がいる。どうしたらいいでしょうか」

僕は、次のように答えました。

「『こんなに一所懸命教えているのに、部下が理解できないのはおかしい』と思うのは、人間をよく知らないからです。悩みの多くは人間と人間社会に対する洞察不足が原因です」

リーダーが、「自分がこれだけ頑張って指導しているのに、横を向いている部下がいるのは許せない」と思い込んでしまうのが、一番陥りがちな誤解です。

「きちんとよく考えて指導したら、みんなに伝わる」と自分をオールマイティに考えること自体が間違いです。

アリの世界が典型ですが、集団が形成されると、2割・6割・2割の割合で3つのグループが形成されます。いわゆる「2：6：2の法則」です。

2：6：2の法則が正しいとしたら、組織の中に、「横を向いている部下が2割くらいいる」のはむしろ健全だと僕は思います。20世紀の歴史を振り返ってみると、全員を従わせたリーダーは、ヒトラーやスターリンなど少数の独裁者だけです。

- **上位2割**……上司のいうことをよく聞くグループ
- **中位6割**……いうことを聞いたり、聞かなかったりするグループ
- **下位2割**……上司のいうことを聞かないグループ

2：6：2の法則を前提に組織をマネジメントするのが、リーダーの役目です。マネジメントのポイントは、次の「3つ」です。

①下位2割の底上げより、上位2割を動かす

やる気がある上位2割に仕事をがんがん与えると、中位6割の中から、「自分たちも頑

張ったほうがいいのでは」と気持ちを切り替える社員があらわれます。中位6割のうち、半分の部下から信頼を得ることができれば、全体の5割を押さえたことになるので、御の字です。また、パレートの法則の教える通り、上位20％の働きが、実はチームのほとんどの利益をもたらすのです。

ただし、上位を中心に動かすとはいえ、マネジメントの原則は「フェアネス（公平性）」にあるのですから、上位であろうと下位であろうと公平に扱うことが基本です。部下それぞれときちんと同じ時間をとって面談するなど、フェアネスは徹底して遵守してください。

ちなみに、一回の面談ぐらいで、人間は簡単に心を開く生き物ではありませんが、時間を使うことは一般に、とても効果があります。これは、恋人と一緒です。どんな人でも、自分のために貴重な時間を割いてくれたら、好きにはならないとしても、反感は消えるのです。「時間を使うのはしんどい」と思われるかもしれませんが、しんどいからこそ、管理者としての給与をもらっているのです。

②相手のレベルに応じて、仕事の量を変える

全員に100の仕事をさせることはできません。仕事が2倍できる部下には2倍の仕事を割り当て、半分しかできない社員には、半分の仕事を割り当てるようにします。形式的な平等ではなく、実質的な平等を心がけるようにしてください。

③適材適所を考える

社員はみな行動特性も思考特性も異なります。向き不向きも、得意不得意もあります。たとえば、営業部門で上位2割にいた社員が企画部門に異動になったあと、企画部門でも上位2割に入るとはかぎりません。下位グループに落ちてしまうこともある。反対に、営業部門で下位グループにいた社員を企画部門に異動させたら、上位グループに入ることもあります。

上位、中位、下位は流動的ですから、「どの部署のどの仕事をしても必ず上位に入る人」はほとんどいません。同じように、「どの部署のどの仕事をしても必ず下位に入る人」もいません。グループを固定的に考えるのではなく、向き不向き、得意不得意といった部下の適性を見抜いて、正しく人材を配置するのがリーダーの務めです。

組織の強さは、人材の組み合わせ（ポートフォリオ）によって決まります。誰に何を担当させるかを決めた段階で、その組織のパフォーマンスはほとんど決まるのです。これは資産運用と同じです。なお、仕事については別途、『「働き方」の教科書』（新潮社）という本を書いていますので、読んでいただければうれしいです。

おわりに

川の流れに流されていく人生が一番素晴らしい

僕がAPUの学長になったのは、70歳のときです。

よく、「その年で学長になるくらいですから、出口さんはきっと教育に対するモチベーションが高いのですよね」と声をかけられるのですが、僕はいつも、次のように答えています。

「モチベーションが高いのではなくて、あきらめて頑張っているだけです」

僕のあずかり知らぬところでAPUの学長に推挙され（国際公募）、「受かるはずがない」

と思って、面白そうだという理由だけでインタビューを受けたところ、意外にも選ばれてしまい、学長を引き受けざるをえなかったというのが正直なところです。

　APUの学長に選ばれたのだから、これはもうしかたがない。あきらめて引き受けようと思っただけです。


「あきらめる」といっても、僕は昔から中途半端が嫌いで、すべての物事を「オール・オア・ナッシング」で考えています。

　どんな本でも最初の5～10ページはきちんと読んでみて、その時点でおもしろくなければその本は読むのをやめます。おもしろければ一字一句、腹落ちするまで精読します。オール・オア・ナッシングです。

　お金を使うときも、オール・オア・ナッシングです。食べることや本と旅が大好きなので、食費、旅費や本の購入費にはお金を使う。けれども、それ以外の費用は節約しています。というか、興味がわかないのです。今、着ているスーツも四半世紀以上前に購入したものです。


　やるならやる。やらないならやらない。

ＡＰＵの学長に就任した以上は、教育のことを一所懸命勉強して、全力で取り組む。もし僕が教育について勉強をせず、別府で温泉ばかり入っていて、ろくに教育方針も打ち出さなかったら、学生はきっと「授業料がムダになった」と思うはずです。

学長になった以上は、６０００人の学生の面倒を見なければいけないわけですから、ほかの大学の学長にも負けないように勉強して、僕なりの考えを具現化していかなければ申し訳がない。それができないのなら職を辞したほうがいい。

それが僕の基本的な考え方です。

僕は、昔から川の流れに流されていく人生が一番素晴らしいと思っています。僕が日本生命に入社したのも、ライフネット生命を立ち上げたのも、ＡＰＵの学長に就任したのも、さまざまな巡り合わせや偶然によるものです。

僕はいまだに、自分の適性がよくわかりません。何に向いているのか、何がやりたいのか、よくわからない。だったら、川の流れに身をまかせて、着いたところでベストを尽くせばいいだけです。

最後に、教えるということ、教育ということについてみなさんに考えてほしい一件があります。次の文章は、学習院大学国際社会科学部の卒業式に関わるホームページ（学部長祝辞と2つの謝辞を掲載）からその一部を抜き出したものです（執筆者本人の許しを得て掲載します）。

【謝辞①】

卒業生総代答辞の多くが、ありきたりな言葉の羅列に過ぎない。大きな期待と少しの不安で入学し、4年間の勉強、大学への感謝、そして支えてきてくれた皆さまへの感謝が述べられている定型文。しかし、それは本当にその人の言葉なのか。皆が皆、同じ経験をして、同じように感じるならば、わざわざ言葉で表現する必要はない。見事な定型文と美辞麗句の裏側にあるのは完全な思考停止だ。

私は自分のために大学で勉強した。経済的に自立できない女性は、精神的にも自立できない。そんな人生を私は心底嫌い、金と自由を得るために勉強してきた。そう考えると大学生活で最も感謝するべきは自分である。

すべての年度での成績優秀者、学習院でもっとも名誉である賞の安倍能成記念基金奨学金、学生の提言の優秀賞、卒業論文の最優秀賞などの素晴らしい学績を獲得した自分に最も感謝している。支えてくれた人もいるが、残念ながら私のことを大学に対して批判的な態度であると揶揄する人もいた。しかし、私は素晴らしい学績を納めたので「おかしい」ことを口にする権利があった。大した仕事もせずに、自分の権利ばかり主張する人間とは違う。

もし、ありきたりな「皆さまへの感謝」が述べられて喜ぶような組織であれば、そこには進化や発展はない。それは眠った世界だ。新しいことをしようとすれば無能な人ほど反対する。なぜなら、新しいことは自分の無能さを露呈するからである。そのような人たちの自主規制は今にはじまったことではない。永遠にやっていればいい。

私たちには言論の自由がある。民主主義のもとで言論抑制は行われてはならない。大学で自分が努力してきたと言えるならば、卒業生が謝辞を述べるべきは自分自身である。感謝を述べるべき皆さまなんてどこにもいない。

この「謝辞①」は学部長と2人の教職員が問題はないと判断し掲載されたところ、2日後に他の教員4人が「謝辞に相応しくない」とクレームをつけ、「3月末で削除し、それまでは注釈（「相応しくないといった意見もあったがオープンな学部でありたいと考え、原文のまま掲載した」との趣旨）を入れて対処する」ことになったそうです。

みなさんはどう思われますか。僕もいろいろなことを考えさせられました。

「還暦でベンチャー企業を開業して、古希で大学の学長に就任して、次は何をやりたいのですか？」と質問をいただくこともあります。僕は、いつも「何もありません」と答えています。

ＡＰＵの学長を務めている以上、

「ＡＰＵをもっと素晴らしい大学にしたい」

「学生も教職員もワクワクドキドキできる大学をつくりたい」

「ＡＰＵを応援してくださるファンをもっとたくさんつくりたい」

などと思うこと以外に、考えることは何もないのです。世界を変えることのできる尖った人材をひとりでも多く輩出する。僕の頭の中には、今、そのこと以外は何もありません。

２０２０年３月

ＡＰＵ学長　**出口治明**

出口治明（でぐち　はるあき）
1948年、三重県生まれ。立命館アジア太平洋大学（APU）学長。ライフネット生命創業者。
1972年、京都大学法学部を卒業後、日本生命保険相互会社に入社。企画部や財務企画部にて経営企画を担当。生命保険協会の財務企画専門委員会初代委員長として、金融制度改革・保険業法の改正に従事。ロンドン現地法人社長、国際業務部長などを経て同社を退職。その後、東京大学総長室アドバイザー、早稲田大学大学院講師などを務める。2006年にネットライフ企画株式会社設立、代表取締役社長に就任。2008年4月、生命保険業免許取得に伴いライフネット生命保険株式会社に社名を変更。2012年3月15日に東証マザーズに上場。2018年1月より現職。著書に『座右の書『貞観政要』』『「任せ方」の教科書』『本の「使い方」』（KADOKAWA）のほか、『生命保険入門　新版』（岩波書店）、『全世界史（上・下）』（新潮文庫）、『哲学と宗教全史』（ダイヤモンド社）などがある。

「教(おし)える」ということ　日本(にほん)を救(すく)う、[尖(とが)った人(ひと)]を増(ふ)やすには

2020年５月１日　初版発行
2020年６月30日　３版発行

著者／出口治明(でぐちはるあき)

発行者／郡司 聡

発行／株式会社KADOKAWA
〒102-8177　東京都千代田区富士見2-13-3
電話 0570-002-301（ナビダイヤル）

印刷・製本／大日本印刷株式会社

●お問い合わせ
https://www.kadokawa.co.jp/（「お問い合わせ」へお進みください）
※内容によっては、お答えできない場合があります。
※サポートは日本国内のみとさせていただきます。
※Japanese text only

定価はカバーに表示してあります。

ISBN 978-4-04-108716-9　C0030